Louise Brown

Was bleibt, wenn wir sterben

Erfahrungen einer Trauerrednerin

Diogenes

Der Diogenes Verlag wird vom Bundesamt für Kultur
für die Jahre 2021–2024 unterstützt

www.diogenes.ch
40/22/44/2
ISBN 978 3 257 07176 4

Inhalt

Für Runhild

(In my sleep I dreamed this poem)

Someone I loved once gave me
a box full of darkness.

It took me years to understand
that this, too, was a gift.

Mary Oliver, *The Uses of Sorrow*

Einleitung
Kleine Apfelbäume
oder
Der Tod ist eine individuelle Angelegenheit

In der Kapelle stehen Apfelbäume. Kleine Bäume, jeweils drei links und drei rechts vom Altar. Der Duft ihrer Früchte mischt sich mit dem süßlich-staubigen Geruch der Friedhofskapelle.

Die Apfelbäume rahmen zwei Särge ein. In den Särgen liegen Eheleute, Karlin und Hermann, die kurz hintereinander gestorben sind. Zwei Särge sind ungewöhnlich für eine Trauerfeier, aber ich finde den Anblick nicht befremdlich. Eher finde ich es tröstlich, dass ein Paar, das über sechzig Jahre zusammen war, auch gemeinsam verabschiedet wird.

Die Särge sind mit Rosen, Sonnenblumen und Äpfeln geschmückt. Sonnenstrahlen fallen durch das Buntglasfenster über dem Altar und tauchen alles in warmes Licht. Ich stelle mich ans Pult und schaue auf die leeren Bänke. In wenigen Minuten werden sie sich mit den Angehörigen und Freunden der Verstorbenen füllen. Mein Herz schlägt schneller bei dem Gedanken, dass ich als Trauerrednerin die Abschiedsrede für das Ehepaar halten darf. Ich werde am Pult des Pastors stehen und durch die gesamte Abschiedsfeier leiten.

In meiner Rede werde ich vom Leben und Sterben dieser Menschen erzählen. Wie immer hoffe ich, dass ich den Angehörigen etwas von ihrem Schmerz zu nehmen vermag; dass ich ihnen Halt geben kann auf ihrem Weg in ihr Leben ohne die Verstorbenen.

Wie das geht? Es gibt keine Formel für das Gelingen einer Trauerrede. Sicher gibt es sie auch nicht, die perfekte Trauerrede. Aber wenn eine Tochter sagt, sie hatte das Gefühl, dass ihr Vater bei der Abschiedsfeier dabei gewesen sei, und sie habe dies als tröstlich empfunden, oder wenn mich ein Trauergast hinterher fragt, ob ich den Verstorbenen gekannt hätte, dann weiß ich, dass ich mit meinen Worten zumindest einige der Zuhörenden erreicht habe. Oder einige Gäste sich und ihren Verstorbenen in ihnen wiedergefunden haben. Und dass diese Worte in einer Zeit, in der den Trauernden so vieles fremd erscheint, zumindest für die Dauer der Abschiedsfeier eine Vertrautheit ermöglicht haben.

Allein mit Daten und Fakten gelingt eine Rede nicht, glaube ich. Nur, welche Bilder und Lebensmomente sollte man zu den Fakten hinzuholen?

Welche sind die richtigen, die wichtigen Erinnerungen? Welche schenken einem das Gefühl, dass ein verstorbener Mensch einem wieder nahe ist? In diesem zeitweise schmerzhaften, aber schönen Beruf denke ich immer häufiger über diese Frage nach: Welche Erinnerungen sollen von uns bewahrt werden? Woran wollen wir uns erinnern? Was bleibt von uns, wenn wir sterben? Was bleibt?

Einige Monate nach der Trauerfeier stehe ich am Marktstand und kaufe Äpfel. Als ich dabei einen in der Hand halte, muss ich an die Trauerfeier von Karlin und Hermann denken. Ich rieche die Äpfel, die an den Bäumchen hingen, sehe das weiche Licht auf den Särgen. Und dann sehe ich ein anderes Bild: ein Haus am Rande einer norddeutschen Kleinstadt. Vor den Fenstern stehen Obstbäume in sauberen Reihen. Ich sehe ein Wohnzimmer und einen Teppich, der zurückgerollt wurde, und einige Paare im mittleren Alter, die auf den nackten Holzdielen zu einem Schlager einen Foxtrott tanzen.

In diesem Wohnzimmer saß ich zum Trauergespräch. Vor jeder Rede treffe ich mich mit den Angehörigen, um Informationen und Gedanken über die Verstorbenen zu sammeln. Im Falle von Karlin und Hermann führte ich das Gespräch mit ihren erwachsenen Kindern. Am Esstisch der Eltern schrieb ich Geburts-, Hochzeits- und Sterbedaten auf; ich notierte »Hof der Familie, Spargel und Schweine« und wie sie aus dem Hof eine Baumschule gemacht haben. Wie diese für Mutter und Vater zur Lebensaufgabe wurde, und dass der Vater mehlige und die Mutter knackige Äpfel bevorzugte. Wie sie zwei Wochen vor ihrem Tod in einem Heim benachbarte Zimmer bezogen, doch bereits eine Woche später wieder zusammengelegt wurden. Dreiundsechzig Jahre hatten sie ein Schlafzimmer geteilt. Innerhalb von wenigen Tagen waren sie nacheinander gestorben.

Während in der Kapelle das Licht der Sonne auf die Särge fiel, erzählte ich Karlins und Hermanns Geschichte: wie sie für ihre Arbeit gelebt haben, Fleiß und Pflichtbewusstsein ihr Leben wie die Jahreszeiten das Gedeihen der Bäume bestimmt haben und wie sie jahrzehntelang dem gleichen Tagesablauf folgten: mit der Sonne aufstehen, um Punkt zwölf Uhr Mittagessen für die Mitarbeiter auftischen und um 19 Uhr Brote vor dem Fernseher essen. Und ich erzählte, wie sie am Freitagabend alle Pflichten fallenließen und zu dem einen oder anderen Grog mit Freunden in ihrem Wohnzimmer zu James Last getanzt haben, bis – zumindest in meiner Vorstellung – die Sterne über den Feldern funkelten.

Bis heute denke ich an dieses Bild, wenn ich auf dem Markt einen Apfel in meiner Hand halte. Bis heute wird mir dabei warm ums Herz. Es handelt sich um einen meiner ersten Trauerfälle, und vielleicht war ich deshalb für seine Botschaft besonders empfänglich. Er hat mir gezeigt, dass wir meist mehr sind, als wir zu sein scheinen, und wir alle überraschende und widersprüchliche Seiten haben. Dass diese Besonderheiten manchmal erst mit dem Tod zum Vorschein kommen. Dass der Tod uns dazu bringen kann, in der Hektik unseres Alltags innezuhalten und genauer hinzuschauen. Und wir erst dann die Einmaligkeit einer Person entdecken, die sich weniger in den großen Taten als in den kleinen Details zeigt. Details, die sich oft im Alltäglichen verbergen. Das war eine der ersten Erkenntnisse, zu der mich meine Arbeit als Trauerrednerin gebracht hat: wie einzigartig und wertvoll wir alle in unserer Alltäglichkeit sind.

Oft sagen die Angehörigen zu Beginn eines Gesprächs: »Ich weiß gar nicht, was ich über meine Mutter erzählen soll.« Zunächst sprechen wir dann über ihren Tod und erst danach über ihr Leben. Wenn die Tochter oder der Sohn dann erzählt, mal knapp, mal ausführlich, mal hastig und viel, mal langsam und lückenhaft, weil sie oder er nicht weiß, wann die Mutter die Lehre angefangen oder den Vater kennengelernt hat; wenn der Erzählfaden sich langsam zu spinnen beginnt und beim Erzählen die Welt draußen verschwindet; wenn eine Familie beim Erzählen durcheinanderspricht, lacht und weint, dann erlebe ich das als einen intensiven Moment. Ich sehe, wie sich die Gesichter der Hinterbliebenen beleben. Wie etwas in ihren Augen zu leuchten beginnt. Oft spüre ich ihre Erleichterung, wenn sie die Geschichten ihrer Verstorbenen erzählt haben; eine Erleichterung, die davon kommt, dass sie diese mit all ihren Details erzählen durften. Aber auch, weil die Geschichte ihrer Verstorbenen auch ihre eigene ist.

Es soll wissenschaftliche Studien geben, die nachweisen, dass beim Erinnern die Körpertemperatur ansteigt. Ich bin keine Wissenschaftlerin. Alles, was ich hier berichte, beruht auf meinen persönlichen Erfahrungen. Mir gefällt aber der Gedanke, dass das Innehalten und Erzählen von Vergangenem uns von innen wärmen, unsere Herzen höher schlagen und uns wieder spüren lässt, was durch einen Todesfall zuerst einmal vom Schmerz begraben wird.

Wenn eine Tochter erzählt, wie ihre Mutter mit sechs Jahren über das vereiste Haff fliehen musste oder wie das Haus der Familie von einer Überflutung zerstört wurde und ihre Mutter sich klaglos neben den Aufräumarbeiten um die Kinder und den Laden gekümmert hat; wie sie sich, als die Ehe der Tochter zerbrach, um die Enkel gekümmert und später trotz ihrer Krebserkrankung im Laden der Kinder gestanden hat ... Wenn eine Tochter all das erzählt, was in der Familie zwar bekannt ist, aber so erstmals in seiner Gesamtheit angesprochen wird und ihr damit dessen Bedeutung bewusstmacht, dann erlebe ich schon mal, dass sich die Tochter am Ende eines Gesprächs zurücklehnt, erstaunt auf die vollgeschriebenen Seiten meines Notizblocks blickt und sagt: »Ich hätte nie gedacht, dass es so viel über Mutter zu sagen gibt.« Oder: »Meine Mutter hat ganz schön viel im Leben geschafft.«

Es gibt in unseren Leben zwei fundamentale Ereignisse: die Geburt und den Tod. Während sich ein neuer Mensch mit der Fanfare kindlichen Geschreis ankündigt, nimmt ein Sterbender in tiefer Stille Abschied. Auch wenn Ärztinnen oder Familienmitglieder an seinem Lebensende um ihn herumwuseln, wenn Geräte piepsen oder Stimmen laut werden, erleben viele Angehörige den Moment des Sterbens – zumindest beschreiben sie es so –, als würde sich das Geschehene in Zeitlupe abspielen oder die Zeit stillstehen. Auch in den Minuten oder

Stunden nach dem Sterben bleibt etwas von dieser Stille wie ein lautloses Echo im Raum; eine Stille, die viele von uns gar nicht mehr kennen oder nicht kennen wollen.

Ich will nicht wiederholen, was immer wieder behauptet wird: dass selbst das Sterben oder Trauern früher besser war als heute. Etwa, wenn Oma zu Hause aufgebahrt lag und Familie, Nachbarn und Freunde sich so in Ruhe und in vertrauter Umgebung von ihr verabschieden konnten. Als das Abschiednehmen noch eine gemeinsame Erfahrung war, während es heute eine einsame Angelegenheit ist, die jeder für sich bewältigen muss. Tatsächlich bin ich in meiner Arbeit vielen Familien begegnet, die nach dem Tod bei ihren Verstorbenen geblieben sind, manche eine halbe Stunde, manche einen Tag lang. Die im Krankenhaus am Bettrand gesessen oder sich zu Hause um das Pflegebett ihres Verstorbenen versammelt haben. Die für sie eine Kerze angezündet, ihre Lieblingsmusik angemacht oder die Hand gestreichelt haben. Die alle Termine und Alltagsgedanken vor der Tür gelassen und diese stillen Stunden, wenn nicht genossen, dann doch hinterher zu schätzen gewusst haben. Zumindest erzählen sie das so: wie gut es tat, diese Zeit mit ihren Verstorbenen zu verbringen. Wie dieses Zusammensein, ob allein oder mit anderen Angehörigen, noch lange in ihnen schwingt.

Meine Mutter verstarb nachts, auf der Palliativstation eines ländlichen Krankenhauses. Am nächsten Tag lag sie aufgebahrt in einem kleinen weißen Zimmer, dem »Raum der Stille«. Ich kam morgens eilig aus der Großstadt an, um bei meinem Vater zu sein, der in sich zusammengesunken an ihrem Bettrand saß. Als ich das Zimmer betrat, wurde mir das Spüren fast zu viel. Beim Anblick meiner Mutter schien mein Schmerz nur noch größer zu werden, als würde etwas in mir zerreißen. Für meinen Vater hingegen waren die Stunden am Bett seiner verstorbenen Ehefrau schmerzhaft, aber notwendig. Am liebsten wäre er bei ihr geblieben, bei der Frau, die ihn über fünfzig Jahre begleitet hatte. Die ihm in diesem Moment noch greifbar nahe war, ihm aber gleichzeitig entschwand.

Während draußen der Wind durch die Pappeln rauschte, wurde die Stille im Raum zu laut für mich. Vielleicht, weil ich eine solch endgültige Stille noch nie erlebt hatte. Bis dahin war ich dem Tod kaum begegnet. Ich, die vermeintlich erfahrene und mutige Journalistin, die einen Terrorstaat bereist hatte und in einem britischen Militärflugzeug ans Ende der Welt geflogen war, verharrte nach dem Anblick meiner verstorbenen Mutter wie betäubt auf dem Krankenhausflur. Als würde ich vor einem Abgrund stehen. Es war ein demütigender und beängstigender Moment, der mich an die Zeichentrickserien meiner Kindheit erinnert, in denen sich vor Scooby Doo plötzlich eine Falltür auftat, in die er hinunter- und dann haltlos durch die Dunkelheit stürzte.

Der erste Verlust einer geliebten Person ist eine Wegmarke im Leben. Nichts ist danach wie zuvor. Das klingt düster, und so fühlt sich diese Erfahrung oft auch an. Doch die Begegnung mit dem Tod kann auch eine Chance in sich bergen. Für mich tat sie das. Oder besser gesagt: Für mich war sie eine große Lehre. Vielleicht die größte in meinem bisherigen Leben.

Vieles, das ich beim Stolpern über jene Türschwelle in das Leben als Trauernde gelernt habe, basiert auf eigenen Erfahrungen. Anderes haben mir die Verstorbenen und deren Hinterbliebene gezeigt, die ich in meiner Arbeit als Trauerrednerin begleiten durfte. Jede dieser Begegnungen hat in mir etwas bewegt, und aus jedem Gespräch habe ich etwas mitgenommen, das für mich wertvoll war und für das ich heute dankbar bin.

Einiges von dem, was ich auf dieser Reise lernen

durfte, möchte ich gerne mit Ihnen teilen. Was es heißt, sterblich zu sein. Wie man an seiner Vergänglichkeit wachsen kann. Und wie das gehen kann, mit dem Tod zu leben.

Vielleicht erkennen Sie sich in meinen Erfahrungen wieder. Vielleicht können Sie davon etwas für sich mitnehmen. Vielleicht legen Sie dieses Buch lieber gleich wieder zur Seite.

Der Tod ist eine höchst individuelle Angelegenheit. Wenn man in seine Stille hineinhört, kann man etwas erfahren. Über die Verstorbenen. Über sich. Über das Leben.

Aber noch einmal zurück. Alles begann mit einem Hamster namens George.

I. TEIL

Konfrontation mit dem Tod

Ein Hamster namens George
oder
Die erste Begegnung mit dem Tod

Ich erkenne es als Ironie des Schicksals, dass ausgerechnet ich als Trauerrednerin in der Kapelle am Pult stehe. In meiner Kindheit gab es den Tod nicht, zumindest nicht in unserem Haus in London. Er existierte bei uns nicht, bis George zu uns kam. George starb auf mysteriöse Weise kurz nach seiner Ankunft, nachdem er meinen Vater in den Daumen gebissen hatte. Meine Eltern hatten sich von uns Kindern zu einem Haustier überreden lassen – zu einem vermeintlich unkomplizierten Hamster –, dessen Laufrad nun Tag und Nacht in seinem Käfig quietschte. Eines Morgens lag eine ungewöhnliche Stille im Hamsterhaus, das Rad bewegte sich nicht mehr. Wir haben George nicht zeremoniell im Garten begraben, so wie Eltern das heute mit den Haustieren ihrer Kinder tun. Meine Mutter hat die Gelegenheit nicht genutzt, um mit uns *the talk* übers Sterben zu führen. Als meine englische Großmutter später starb, fuhre ich nicht mit zur Beerdigung. Nie wäre ich auf die Idee gekommen, meine Eltern zu bitten, mitfahren zu dürfen. Mein Vater wurde 1932 in London geboren. Auch in unserem Haushalt galt die unausgesprochene viktorianische Regel, dass Kinder zwar »gesehen, aber nicht gehört« werden sollten. Vielleicht lag es an ihren Erfahrungen als Kriegskinder, dass meine Eltern uns mit einem so düsteren Thema wie dem Tod nicht konfrontieren wollten. Mit der bitteren Erkenntnis, dass nichts im Leben beständig ist und Liebe immer Verlust bedeutet. Vielleicht wollten sie nicht erneut an die Verluste erinnert werden, die sie, direkt oder indirekt, als Kinder im Krieg erlebt hatten: meine Mutter in Hamburg und mein Vater in London.

Über das Thema Krieg sprachen wir meist anhand von positiven Anekdoten: Meine Mutter erzählte, wie sie mit ihrer Mutter und ihrem Bruder im Bunker von den Nachbarn mit Bonbons versorgt wurde. Mein Vater berichtete stolz, dass er sich bäuchlings auf die Straße gelegt hat, statt in einem unbekannten Gebäude Schutz zu suchen, wenn während seiner Zeitungsrunde Warnsirenen losheulten. Und wie er dabei in einer Zeitung geblättert hat, bis der Angriff vorbei war.

Nach dem Krieg und ihrem Kennenlernen in

London waren meine Eltern vermutlich zu sehr mit den lebensbejahenden *Swinging Sixties* beschäftigt, um an die Zerstörung der Jahre davor zu denken. In den Siebzigerjahren war es dann der Aufbau ihres Geschäfts, der sie nicht mehr an die Stagnation und Zerstörung der Kriegsjahre zurückdenken ließ. Was auch immer die Gründe für ihr Verhalten waren: Viele Jahre war der Tod in meinem Alltagsleben kaum präsent. Dann kam alles anders.

Fast forward ins Jahr 2011: Ich muss an einen Spruch meiner englischen Großmutter denken: *»You wait ages for a bus – and then two come along at the same time!«* (Erst wartet man eine Ewigkeit auf den Bus, und dann kommen gleich zwei auf einmal!) Meine Großmutter wuchs in der englischen Arbeiterklasse auf und fuhr ihr Leben lang Doppeldeckerbus, selbstverständlich mit der obligatorischen Einkaufstasche und Kopftuch über den nachts aufgewickelten Haaren.

Übertragen auf mein Leben hieß das: Bis zu meinem sechsunddreißigsten Lebensjahr war ich jeglicher emotionaler Konfrontation mit dem Tod entkommen. Bis er innerhalb von drei Monaten gleich zweimal in mein Leben eintrat; dabei kam er nicht wie ein sehnsüchtig erwarteter Doppeldeckerbus über den Hügel getuckert, sondern schlug wie ein Meteorit in mein Leben ein. Das erste Mal beim Tod meiner Mutter. Und drei Monate später zum zweiten Mal, als mein Vater starb. Zu diesem Zeitpunkt hielt ich mich für eine einigermaßen weltgewandte junge Frau. Als Journalistin hatte ich mit Künstlern und Politikern, Gefängnisinsassen und Obdachlosen gesprochen. Ich meinte, einiges über die Welt und das Leben zu wissen, doch nach dem Tod meiner Eltern musste ich feststellen, dass ich, was das Thema »Tod und Sterben« angeht, völlig im Dunkeln tappte. Ich, die gestandene Journalistin, die auf der ganzen Welt gewesen war, hatte einen wesentlichen Flecken auf der menschlichen Landkarte umschifft. Einen Flecken, der so karg und einsam ist, dass es sich dort anfühlt, als ob man auf dem Mond ausgesetzt worden wäre: die Welt der Trauer.

»Werde ich verrückt?«, war ein Gedanke, der mir in den Monaten nach dem Tod meiner Eltern wiederholt durch den Kopf schoss. Zeitweise fühlte ich mich tatsächlich so. Als wäre ich in der Geschichte von *Alice im Wunderland* in jenes dunkle Kaninchenloch gepurzelt. Als Trauernde ist man nicht von dieser Welt, man befindet sich vielmehr in einer Art Zwischenwelt; körperlich präsent, aber seelisch wie ein Ballon, der einst festgebunden war, nun aber über eine stürmische und düstere Landschaft driftet. In meiner Zeit als Trauernde existierten zwei Versionen von meiner Person: eine, die im Alltag funktionierte, die gearbeitet, eingekauft und mit dem Kind gelacht hat. Und eine, die sich zusammenkauerte und nach Stille und Dunkelheit sehnte. Die daran dachte, wie es wäre, Ruhe von all dem Schmerz in dieser Welt zu haben.

Unscharfe Bilder
oder
Die Momente, die bleiben

Heute bin ich, so glaube ich zumindest, ein wenig klüger, was die Trauer angeht. Aber nur ein wenig. Ich weiß zum Beispiel, dass sich die Trauer bei jedem anders auswirkt und es im Gegensatz zu langjährigen Vorstellungen keine festgelegten, zeitlich abgeschlossenen Trauerphasen gibt.

Ich weiß, welche Wirkung das Umfeld auf die Dauer und die Schwere der Trauer haben kann: dass ein Auffangnetz aus Familie und Freunden in dieser Zeit helfen kann, die Schärfe der Trauer wenn nicht zu mildern, dann wenigstens erträglich zu machen. Ich habe erlebt, dass man als Trauer-Veteran von einem erneuten Verlust genauso heftig getroffen werden kann wie beim ersten Mal. Gleichzeitig tröstet es mich zu wissen, dass man beim zweiten Mal besser versteht, warum man die Nächte wach liegt oder das Gefühl hat, sich selbst nicht mehr zu kennen. Ich habe verstanden, dass die Möglichkeit, in einem Trauergespräch über seinen Verlust, seine Gedanken, Ängste und die Zeit vor und nach dem Tod eines Angehörigen zu sprechen, helfen kann, die Trauer für einen Moment zu lindern. Wenn man bei einer Abschiedsfeier ein Echo von dem hört, was man dem Redner erzählt hat; wenn man sich dabei in seiner Trauer gehört und gesehen fühlt, kann das auf dem einsamen Weg des Abschieds eine unschätzbare Stärkung sein. Es muss auch kein professioneller Redner sein, der in diesem Gespräch zuhört oder durch die Trauerfeier leitet. Es kann ein Pastor sein. Ein Freund. Ein Familienmitglied.

Meine Eltern hatten sich beide eine christliche Abschiedsfeier gewünscht, und es war meine Aufgabe, dem Pastor von ihnen zu erzählen. Als meine Mutter starb, fühlte ich mich vor dem vereinbarten Treffen wie vor einem Bewerbungsgespräch. Welche Fragen würde er mir stellen? Der Pastor war ein freundlicher, reservierter Mann mit dem Händedruck eines Handwerkers, der sich aufrichtig für den Werdegang meiner Mutter interessierte. Ich erzählte ihm von ihrer beruflichen Laufbahn und den wichtigsten Stationen in ihrem Leben. Das Gespräch blieb in meiner Erinnerung sachlich. Hinterher fühlte ich mich merkwürdig leer. Auf der Zugfahrt nach Hause dachte ich darüber nach, was ich möglicherweise Wichtiges weggelassen hatte. Nur fiel mir damals nicht ein, was das war.

Jahre später, nach zahlreichen Gesprächen mit Hinterbliebenen, wurde mir bewusst, was ich weggelassen hatte: Ich hatte dem Pastor nicht von den schmutzigen Knien meiner Mutter erzählt, nachdem sie in ihrem geliebten Blumenbeet gejätet hatte. Oder von ihrer nächtlichen Autofahrt, bei Schneetreiben auf der vereisten Landstraße, um mich, damals noch eine Jugendliche, aus der Disco abzuholen. Ich hatte ihm nicht erzählt, wie gerne sie im Herbst im See schwamm, während andere in ihren Mänteln vorbeispazierten. Oder von ihrem Hals, an den ich mich als Kind so gerne geschmiegt habe, weil er weich und warm war und so gut duftete. Und wie dieser Hals, als sie krank war, nicht mehr so gut gerochen hat wie früher.

Als der Pastor bei ihrer Beerdigung seine Ansprache hielt, schien uns kein Rednerpult, sondern eine Erdspalte zu trennen. Sprach er von der Person, die ich geliebt, mit der ich mich täglich ausgetauscht, gelacht und gestritten hatte? Die hier vor mir in diesem Sarg lag? Alles erschien mir in dieser Stunde unwirklich, als wäre ich auf der falschen Trauerfeier. Dabei lag es nicht am Pastor, dass ich meine Mutter in seinen Worten nicht wiederfand. Er hat mit den Informationen gearbeitet, die ich ihm gegeben hatte. Nur wusste ich damals noch nicht, welche Erinnerungen für mich später entscheidend sein würden. Woran ich mich nach dem anfänglichen Schock und der inneren Starre mit der Zeit erinnern würde und erinnern wollte. Im Nebel der ersten Trauer hatte ich mich an die Fakten geklammert; an ihren Lebenslauf und die Meilensteine in ihrem Leben. Für manche mögen diese Details in einer Abschiedsrede wichtig und ausreichend sein. Mir fehlten aber die entscheidenden Bilder, die meine Mutter auszeichneten. Die für mich genauso wichtig werden sollten wie die Meilensteine.

Vielleicht ist es wie mit einem Fotoalbum: Oft liegen die lustigsten, ehrlichsten und authentischsten Bilder lose hinten im Buch. Die Bilder, die am Rande offizieller Anlässe wie Urlaub, Preisverleihung oder der Feier zum 50. Geburtstag entstanden sind. Die Bilder, bei denen nicht posiert wurde. Die man mit Absicht nicht eingeklebt hat, weil sie unscharf oder verwackelt sind. Die oft unbeachtet bleiben, aber die man dennoch nicht wegwerfen kann, weil sie beim Anschauen etwas in unserem Innern bewegen. Weil sie so voller Leben sind.

Da ist das Bild der Mutter mit dem Klecks Sahne auf der Wange beim Backen einer Geburtstagstorte. Das von den Teenagern, abgelichtet beim Tanzen im Partykeller, mit roten Augen und in den schrägsten Tanzpositionen. Oder das des Vaters, der sich mit seinem blutigen Metzgerskittel über seine kleine Tochter auf dem Dreirad beugt. Dieses Bild ist mir besonders in Erinnerung geblieben. Ich weiß noch gut, wie mir die Tochter im Trauergespräch erzählte, dass sich ihr Vater, trotz Zwölf-Stunden-Schichten in der Schlachterei, immer Zeit für sie genommen habe, wenn sie mit ihm auf dem Hof das Radfahren üben wollte.

Oder vielleicht ist es auch wie bei einem Film, wenn nach dem offiziellen Abspann zum Spaß einige Pannen gezeigt werden: Am Ende eines Lebensfilms bleiben in unseren Erinnerungen oft die weniger perfekten Momente präsent. Die Momente, in denen wir uns von der unpolierten, menschlichen Seite zeigen. Für mich brauchte es den Tod meiner Eltern, um zu erkennen, wie kostbar diese unperfekten Momente sind, die wir vorerst für weniger bedeutsam halten, die uns aber später mit so viel Wärme erfüllen können.

Was bleibt – Durchhaltevermögen und Widerstandskraft

Anna starb im Frühling im Heim. Sie war zerbrechlich, hatte aber bis zum Schluss unter keiner schweren Krankheit gelitten. Sie schlief einfach mittags in ihrem Sessel ein, der in ihrem Zimmer mit Blick auf einen Kirschbaum stand, und wachte nicht wieder auf. An der Natur – Wiesen und Wäldern – konnte sie sich ein Leben lang erfreuen. Diese Freude ging auf ihre Kindheit zurück.

Anna wurde 1925 geboren und wuchs in Zossen in Brandenburg auf. Ihre Eltern waren Landarbeiter, ihr Vater Knecht, ihre Mutter Feldarbeiterin. Beide arbeiteten auf demselben Gut. Anna hatte zwei geliebte Schwestern. Mittags brachte sie ihrem Vater das Essen aufs Feld. Daran erinnerte sie sich bis zu ihrem Lebensende: an den Kanal, an die gelben Sumpfdotterblumen, die Gräser und den Duft der Wiesen.

Ihr Vater starb mit nur siebenunddreißig Jahren

an Krebs. Anna, selbst erst vierzehn, musste arbeiten. Es war 1939. Sie wurde nach Berlin geschickt, mitten in den Krieg. Dort fand sie eine Stelle als Hausangestellte. Und mehr als das: Sie hatte das Glück, von der Familie, mit der sie danach viele Jahre befreundet blieb, gut aufgenommen zu werden.

*

Beim Trauergespräch erzählen mir Annas erwachsene Kinder, wie wichtig es für ihre Mutter gewesen war, ihnen ein schönes Zuhause zu bieten. Wie gut sie backen konnte und immer die besten Soßen hinzauberte. Wie sie ihren Kindern aber auch die verhassten Steckrüben auftischte, wohl wissend, dass sie diese nicht mochten. Und dass es der Mutter manchmal schwerfiel, ihnen ihre Liebe zu zeigen. Sie haben berichtet, wie gerne ihre Mutter in der Natur spazieren ging. Wie sie in ihren Sechzigern anfing, Gedichte zu schreiben, und in diesen Zeilen auf ihre Vergangenheit zurückblickte. Wie darin ihre Sensibilität und Liebe für das Leben zum Vorschein kam. Aber auch ihre Wehmut um eine vergangene Zeit, die es so nie wieder geben würde. Ihre Erinnerungen an die Kindheit in Brandenburg bewahrte sie bis zum Lebensende. Sie hielt sie in den Gedichten, die sie ihrer Familie noch mit neunzig vortrug, lebendig. In Gesprächen konnte sie ihre Gefühle schwer zeigen. Für die Unterstützung, die sie im Alter vonseiten ihrer Familie bekam, konnte sie ihre Dankbarkeit nicht immer ausdrücken. Aber in einem Gedicht, das sie der Familie an ihrem Lebensende vorlas, schrieb sie:

> *»Freuet euch an jedem Tag eures Lebens, die Jahre enteilen wie im Sturmwind, wie eine aufgeblühte Rose, die morgens noch duftet und am Abend verblühet. Ich habe Brot bekommen, und man hat mir Rosen geschenkt – wie glücklich war ich, beides in meinen Händen zu halten.«*

Bis heute erinnere ich mich an Annas Geschichte. Ihr Leben steht für mich stellvertretend für die Schicksale vieler Menschen, die während des Krieges aufgewachsen sind. Die mit einem Kind auf den Armen durch eine brennende Stadt laufen mussten, um sich in Sicherheit zu bringen. Oder als Teenager an die Front geschickt wurden und dann als Männer aus dem Kampf zurückgekehrt sind. Menschen, die nach dem Krieg fliehen und alles Vertraute zurücklassen mussten, um dann in der eigenen Heimat wie Fremde behandelt zu werden. Ich habe viele von diesen Geschichten gehört, und jede hat mich auf ihre Art bewegt. Auf dem Rückweg von den Trauergesprächen habe ich mich im Auto oft gefragt, wie diese Menschen ihr Schicksal nur ausgehalten haben.

Bevor ich als Trauerrednerin zu arbeiten begann, war die Kriegszeit für mich ein Kapitel aus dem Geschichtsbuch. Etwas, das man in Bruchstücken verinnerlicht hat, eine Ansammlung von Fakten, Zahlen und Ereignissen. Obwohl ich mich schon immer für Geschichte interessiert hatte, wurde diese für mich erst durch meine Arbeit lebendig. Heute erlebe ich die Geschichte dieses Landes an seinen Menschen und deren Lebensgeschichten. Nicht selten handeln sie von Brüchen und schweren Schicksalsschlägen, aber auch von Neuanfängen, Improvisation und Glücksmomenten. Von Durchhaltevermögen und Widerstandskraft.

Nicht immer handeln die Geschichten von Krieg. Ich höre von Menschen, die die unterschiedlichsten Schicksalsschläge ausgehalten haben. Die trotz übermenschlicher Hürden weitergemacht haben und nach tiefem Fall wieder aufgestanden sind. Diese Menschen haben mir Mut gemacht. Sie haben mir gezeigt, dass mancher Berg, der einem vorerst unbezwingbar erscheint, sich als Hügel entpuppen kann, den man zu meistern vermag. Sie haben mich verstehen lassen, dass wir uns manchmal ins Auge des Sturms begeben müssen, um aus ihm wieder herauszukommen. Es sind die Hindernisse, denen wir im Leben begegnen, und unsere Kraft, diese zu ertragen oder zu überwinden, die uns als Menschen definieren.

Vielleicht erinnern Sie sich selbst an eine schwere Lebensphase. Wie Sie in dieser Zeit nicht daran geglaubt haben, aus der Dunkelheit wieder herauszukommen, aber es doch geschafft haben. Doch wenn wir an diese Phasen zurückdenken, erkennen wir, dass wir in schwierigen Momenten genau die Kraft haben, die wir brauchen, um weiterzumachen.

Lange stellte der Verlust meiner Eltern für mich einen Bruch im Leben dar. Ich fand es unfair, dass sie früher als andere Eltern sterben mussten. Dabei waren beide über siebzig gewesen. Sie hatten gelebt, geliebt und viel erlebt. Die Arbeit als Trauerrednerin hat mich wachgerüttelt. Sie hat mir gezeigt, was *unfair* bedeuten kann und wann es berechtigt ist, über die Ungerechtigkeit in dieser Welt zu klagen: Einmal saß ich im Trauergespräch zwei Teenagern gegenüber, deren Vater mit Anfang fünfzig an Krebs verstorben war. Ein anderes Mal sprach ich mit einer Frau, deren große Liebe gestorben war, als sich die beiden gemeinsam ein Leben aufbauen wollten.

Es ist schon paradox, dass wir in den Nachrichten täglich mit Geschichten von Leid und Verlust konfrontiert werden, in unserem Alltag aber nie wirklich dafür gewappnet zu sein scheinen, dass ein geliebter Mensch eines Tages sterben könnte. Es hat bei mir lange gedauert, bis ich das Leid weniger als eine Störung, sondern vielmehr als einen Teil des Lebens akzeptieren konnte, eine Variation in dessen Soundtrack. Bis ich gelernt habe, Verlust und Schmerz als das zu sehen, was sie sind: Bestandteile des Lebens. Bis ich das Schicksal besser annehmen konnte, anstatt mich dagegen aufzulehnen und im eigenen Leid zu versinken.

Ich will das Leiden keinesfalls schönreden. Sprüche wie: »Was mich nicht umbringt, macht mich stärker«, mochte ich noch nie. Denn was uns nicht umbringt, bringt uns manchmal *fast* um. Und was uns fast umbringt, kann tiefe Risse und Narben hinterlassen. Narben, die nicht immer gut verheilen und uns für immer prägen.

Der britische Autor Julian Barnes hat es nach dem Tod seiner geliebten Frau treffend beschrieben: wie wir nach einem schweren Verlust einem Seevogel gleichen, der in Ölschlick geraten ist, irgendwann aus ihm herauskommt und wieder fliegen lernt, auch wenn an seinen Flügeln immer etwas Öl kleben bleibt.

Es ist genau dieser Überlebenswille, der mich bei vielen Verstorbenen beeindruckt: ihre oft unterschätzte Fähigkeit, das Schicksal anzunehmen und trotz der bleibenden Narben das Beste aus dem Leben zu machen. Auch das ist mir durch die Beschäftigung mit dem Tod und mit dem eigenen schmerzhaften Verlust bewusst geworden: wie zäh wir Menschen sind. Wie widerstandsfähig. Wie stark. Viel stärker, als wir oft meinen.

Wie, Power-Rednerin? oder Ein Beruf mit Verantwortung

Und, was machst du beruflich?«, fragt mich eine Mutter im Kindergarten, als wir in der Garderobe auf unsere Kinder warten. »Ich bin Journalistin«, sage ich wie gewohnt und überlege dann einen Moment. Denn eigentlich stimmt das so nicht mehr. Ich atme tief durch und sage: »Aber ich habe kürzlich den Beruf gewechselt. Ich arbeite jetzt als Trauerrednerin.«

Die Mutter schaut von der Jacke auf, die sie gerade ausschüttelt. In ihrem Gesicht sehe ich Überraschung. Unsicherheit. Dann sagt sie: »Wow, wie interessant.« Es ist das erste Mal, dass ich einer fremden Person von meinem Beruf erzähle, obwohl ich bereits seit einigen Monaten als Trauerrednerin arbeite. Ich weiß nicht, warum ich damit so gezögert habe. Vielleicht, weil ich unsicher war, wie die Menschen darauf reagieren würden.

Bis heute ist der Beruf der Trauerrednerin eher

selten, auch wenn der Bedarf an weltlichen Rednern laut den Bestattern, mit denen ich gesprochen habe, in den letzten Jahrzehnten stetig gestiegen ist. Vielleicht ist es deshalb nicht verwunderlich, dass mein Beruf vielen, mit denen ich darüber spreche, noch unbekannt ist. Weshalb oft auf die Frage nach dem Job die irritierte Nachfrage kommt: »Wie, Power-Rednerin?«

»Power-Rednerin« wäre tatsächlich keine schlechte Beschreibung für eine Aufgabe, die sehr viel Kraft braucht; Kraft, um mit den Hinterbliebenen mitfühlen zu können, ohne von ihren Gefühlen erdrückt zu werden. Kraft, um während einer Trauerfeier Halt auszustrahlen, selbst dann, wenn man sich innerlich gerade haltlos fühlt. Kraft, um den Schmerz der Hinterbliebenen auffangen zu können, ohne selbst davon aufgefressen zu werden. Das ist tatsächlich keine leichte Aufgabe, denn auch das habe ich verstanden: Der Schmerz eines anderen ist oft auch der eigene. Wer im Leben einen schweren Verlust erlitten hat, wird durch jede neue Begegnung mit dem Tod daran erinnert, so wie bei einer alten Narbe, die sich an kalten Tagen bemerkbar macht.

Auch deshalb habe ich anfangs gezögert, über meinen Beruf zu sprechen: weil man viel von der Angst der Menschen hört, sich mit dem Thema

»Tod und Sterben« zu beschäftigen. Von ihrer Scheu, diese Worte nur in den Mund zu nehmen. Mit der Zeit jedoch lerne ich, dass es keinen Grund gibt, mich zurückzuhalten, wenn es um meinen Beruf geht. Wenn ich davon erzähle, begegnet man mir eher mit Interesse und einem gewissen Respekt, den ich aus meiner Sicht gar nicht verdiene. Vielmehr steht dieser Respekt denjenigen zu, die in extremen Lebenssituationen – Tod, Krankheit oder Geburt – gegen das Sterben antreten: etwa Ärztinnen und Rettungssanitäter oder Krankenpfleger.

Die Reaktionen auf meinen Beruf sind dennoch unterschiedlich: Von Männern kommt öfter die Frage: »Kennst du *Six Feet Under*?«, jene mehrfach ausgezeichnete US-amerikanische Fernsehserie, die mit schwarzem Humor von einem Bestattungsunternehmen erzählt. Vermutlich hoffen sie insgeheim, ich könnte die eine oder andere Anekdote liefern. Von Frauen hingegen höre ich meist Fragen wie: »Ist der Beruf nicht düster? Belastet es dich nicht?« Worauf ich nur die ambivalente Antwort geben kann: »Ja, das tut es. Aber gleichzeitig habe ich noch nie etwas so Sinnstiftendes in meinem Leben getan.«

Eine weitere Frage, die mir die Angehörigen oft am Ende eines Trauergesprächs mit zurückhaltender Neugier stellen, wenn ich mein Notizbuch in die Tasche packe, ist: »Wie kommt man eigentlich dazu, diesen Job zu machen?«

Sicherlich nicht, weil man als Kind davon geträumt hat, für einen Bestatter zu arbeiten. Ich wollte damals Kinderärztin werden, was natürlich eine ungünstige Wahl ist, wenn man kein Blut sehen kann. Schreiben mochte ich, und neugierig war ich, und so bin ich Journalistin geworden. Die Idee mit der Trauerrednerin ist mir erst einige Jahre nach dem Tod meiner Eltern von einem Bestatter nahegelegt worden. Bis dahin wusste ich gar nicht, dass der Beruf überhaupt existiert, halten doch in meiner britischen Heimat – wenn der Pastor diese Aufgabe nicht übernimmt – meist Familienangehörige oder Freunde die Traueransprachen.

Die Idee ließ mich nicht mehr los. Je mehr ich darüber las, desto häufiger fragte ich mich, ob ich als Quereinsteigerin in der Branche überhaupt anfangen konnte. Als ich schließlich die Welt der Friedhöfe und Bestatter betrat, lernte ich, dass hier viele Menschen arbeiten, die in einem früheren Leben einen ganz anderen Weg gegangen waren: darunter ein ehemaliger Hotelier, eine Bankerin und eine Anwaltsgehilfin. Viele dieser Menschen hatten einschneidende Verluste erfahren und sich bewusst für den Alltag mit dem Tod entschieden.

Der Komiker Jerry Seinfeld soll behauptet haben, dass mehr Menschen Angst davor haben, eine öffentliche Ansprache zu halten, als zu sterben; weshalb man bei einer Beerdigung besser im Sarg liegt, als vorne am Pult die Trauerrede zu halten. Auch ich zähle mich zu den Menschen, die lange Zeit beim bloßen Gedanken, eine Rede halten zu müssen, in Schweiß ausgebrochen sind. Meine mündliche Abiturprüfung über die Evolution der Salamander – Warum sind die Tiere auf der Insel blau? – war für mich die reinste Qual, die ich nur dank eines mitfühlenden Lehrers überstanden habe.

Dass ausgerechnet ich Jahre später vor einer Trauergemeinde stehen und den beinahe unmöglichen Versuch wagen würde, die richtigen Worte für eine Trauerfeier zu finden, hätte ich vor nicht allzu langer Zeit für absurd gehalten. Denn die Verantwortung, die man mit so einer Aufgabe übernimmt, ist groß: ungleich einer Hochzeitsrede, die man zwar auch nicht wiederholt, bei deren Misslingen man aber angesichts der aktuellen Scheidungsrate auf eine zweite Chance hoffen kann, ist die Trauerrede auf einer Beerdigung einmalig. Man kann und wird sie nicht wiederholen. Und da die Abschiedsfeier in eine Zeit fällt, in der für viele Hinterbliebene weder der Alltag noch die Emotionen steuerbar sind, die Trauerfeier hingegen schon, können aus den kleinsten Fehlern die größten Katastrophen werden. Wenn auf der Schleife eines Kranzes »Hinrich« statt »Heinrich« steht, wird sich die Witwe für immer daran erinnern. Wenn im Programmheft, das auf den Bänken in der Kapelle ausliegt, die Musik der Band »Die toten Hoden« angekündigt wird, kann das bei den Trauergästen sowohl Ärger als auch Amüsement hervorrufen. Entsprechend hoch ist der Druck für alle Beteiligten – den Bestatter, den Organisten und den Floristen –, möglichst Perfektion abzuliefern.

Dies gilt natürlich auch für die Trauerrednerin, die würdevoll, aber nicht zu gestelzt sprechen soll – »Bitte nicht zu schwerfällig!«, höre ich häufiger von den Hinterbliebenen. Auch ist es wichtig, streitende Angehörige mit den gewählten Worten nicht weiter auseinanderzutreiben und Trauernde so anzusprechen, dass sich keiner vernachlässigt fühlt – manchmal eine heikle Angelegenheit bei erwachsenen Kindern. Kein Hochzeitsdatum sollte verwechselt, kein beruflicher Titel vergessen und schon gar nicht der finnische Name des achten Urenkels falsch ausgesprochen werden; dazu gilt es, als Nicht-Muttersprachlerin jegliche Grammatikfehler zu vermeiden.

Der Anspruch, eine gelungene Rede zu halten,

die für alle Anwesenden passt – korrekt, informativ, einfühlsam, würdevoll, individuell und authentisch – »aber bitte nicht zu sehr!« –, ist hoch.

Schwere Tränen
oder
Der Wunsch nach Sinnstiftung

Warum mache ich das also? Warum suche ich die Auseinandersetzung mit dem Leid anderer? Wenn ich vor einem Trauergespräch in den Sterbedaten über das Geburtsjahr des Verstorbenen – 1985! – stolpere. Wenn mir das Herz wie ein Stein im See sinkt, weil ich die Rede für eine aufgeweckte Dame schreiben soll, an die ich mich gerne erinnere, weil ich für ihren Mann bereits die Trauerrede gehalten habe, während der sie gebannt in der ersten Reihe der Kapelle saß. Oder wenn dem stolzen, hochgewachsenen Herrn, der während der Trauerfeier für seine Frau die Fassung bewahrt, zum Schluss auf dem Friedhof eine einzige, schwere Träne über die Wange kullert; ein Bild, das mich für immer verfolgen wird.

Ein möglicher Beweggrund ist der Wunsch, den Schmerz nach dem Verlust der Eltern in etwas Nützliches, gar Positives zu wandeln. Mit den

Fähigkeiten, die ich mir als Journalistin angeeignet habe, etwas Sinnstiftendes zu tun, nachdem mir meine eigene Endlichkeit erstmals bewusst geworden ist.

Vielleicht ist es ein Versuch, in meinem Verlust, der mir damals nur schmerzhaft und sinnlos erschien, einen Sinn zu erkennen. Ein Versuch, den Tod, das Sterben und alles, was damit zusammenhängt, zu verstehen. Die Trauer und das, was sie in mir angestoßen hat, zu begreifen: Warum sie mich in wenigen Wochen gefühlt um Jahre altern ließ und mir zeitweise den Verstand raubte. Ein Versuch zu erkennen, was uns in der Trauerzeit Kraft und Ruhe schenken kann. Wie ich oder wir mit der Trauer leben lernen können. Wie so oft führen die kleinen unbewussten Schritte zu den großen Sprüngen im Leben. So war es wohl auch bei mir, denn Trauerrednerin zu werden stand gewiss nicht in meinem Lebensplan. Vielleicht ist aber die Frage, warum ich diesen Weg gegangen bin, gar nicht so wichtig, sondern müsste lauten, warum ich noch immer Trauerrednerin bin.

Möglicherweise lässt sich eine Antwort darauf in Erfahrungen wie diesen finden:

Es ist Sommer, und in einer Dorfkapelle halte ich die Rede für eine Frau, die mit Anfang fünfzig an

Krebs gestorben ist. Auf allen Sitzbänken liegen kleine Lavendelsträuße. Auch der Sarg ist mit Lavendel geschmückt, denn die Verstorbene fuhr jedes Jahr mit ihrem Lebensgefährten im vw-Bus in die französische Provence. Der Trauergemeinde erzähle ich, wie sie im Lavendelfeld gepicknickt haben. Wie sie zusammen in einer Band gespielt haben. Zwischendurch spielen wir französische Chansons, hören Édith Piaf und Jacques Brel. Und wir hören die Verstorbene selbst: die Aufnahme eines Liedes, das sie in Begleitung ihrer Band singt. Als ihre klare und warme Stimme sich mit dem Duft des Lavendels vermengt, als sie vom Meer und von der Sehnsucht singt, sehe ich, wie die Familie und die Freunde der Verstorbenen auf den Bänken vor mir schluchzen. Tränen glänzen auf ihren Wangen, und gleichzeitig leuchten ihre Augen. Sie weinen vor Schmerz. Und vor Freude. Der Raum ist zugleich mit Leid und Lebensfreude gefüllt; so wie ich es zuvor noch nie erlebt habe. Zum ersten Mal sehe ich Menschen, die in ihrer Trauer Glück und Freude zeigen können.

An einem Herbsttag versammelt sich eine kleine Trauergemeinde um ein Urnengrab auf dem Waldfriedhof. Über uns zieht eine Schar Wildgänse wie schwarze Pfeile vor dem weißen Himmel. Das

Grab liegt direkt unter einer Eiche. Als der Bestatter die Urne in das Grab absenkt, fällt ihr eine Eichel rasch hinterher. Mit einem satten »Klonk« landet sie auf der Urne im Erdloch. Für einen Moment bannt die Natur die Aufmerksamkeit der Trauernden. Als würde sich ein Wolkenhimmel für kurze Zeit lichten, erhellen sich ihre Gesichter für einige Augenblicke.

An einem anderen Tag erzähle ich auf der Trauerfeier für eine Dame, wie diese mit vierundneunzig Jahren ihren Rollator spontan auf dem Bürgersteig stehen ließ, um den Tretroller eines fremden Mannes auszuprobieren. Ein Kichern ist das nicht, was durch die Kapelle huscht, eher ein kurzes Schmunzeln seitens der Trauergäste. Als wäre eine Seifenblase geplatzt, löst sich die Spannung im Raum. In diesem Moment verblassen die Erinnerungen an die letzten Monate: die Stürze und die folgenden Wochen im Krankenhaus. In diesen Minuten ist die Dame wieder als der lebensmutige, humorvolle und lebendige Mensch präsent, als der sie bei ihren Freunden und Familienangehörigen bekannt war.

Es sind Erfahrungen wie diese, die mir zum ersten Mal bewusst machen, dass Trauer nicht nur aus Traurigkeit besteht. Dass sie nicht eine einzige

Emotion ist, sondern sich aus vielen verschiedenen Gefühlen zusammensetzt, zu der auch die Freude gehört. Dass man sowohl als Trauernder als auch als Sterbender lächeln oder gar lachen darf. Dass es der Humor ist, der uns helfen kann, diese dunklen Stunden zu ertragen. Oft sind es die Menschen, um die wir trauern, die uns vorgelebt haben, wie das geht; wie man dem Ernst des Lebens mit etwas Leichtigkeit begegnen kann, bis in den Tod.

Was bleibt – Die verbindende Kraft des Humors

Hilde wurde 1914 in Frankfurt am Main geboren. Geschwister hatte sie nicht, dafür blaues Blut, erzählte sie gern, wurde ihre Großmutter doch als uneheliches Kind eines Herzogs geboren. Hilde war vier Jahre alt, als ihr Vater im Ersten Weltkrieg starb. Ihr Leben lang trauerte sie ihm nach. Vor seinem Tod bekam sie von ihm eine Postkarte mit einem kleinen Mädchen und einem Engel darauf, der sie beschützen sollte.

Hilde machte in einem Internat in der Schweiz Abitur. 1936 besaß sie bereits den Führerschein. Für die Firma Opel fuhr sie Autos ein, übernahm Test- und Probefahrten. Ihren Töchtern ist sie eher kumpelhaft als zärtlich in Erinnerung geblieben. Später, wenn die eine Tochter nachts unterwegs war, legte Hilde ihr eine Perücke aufs Kopfkissen, falls der Vater nachschauen sollte. Damals fuhr sie ein Auto, das sie »Leukoplastbomber« nannte.

Über siebzig Jahre lang fuhr sie unfallfrei. Dafür

gab es eine Urkunde. Hilde sagte: »Die Urkunde ist schön, aber ich dachte, es gibt ein Auto.« Erst mit dreiundneunzig gab sie den Führerschein ab. Von da an rollte sie auf einer Gehhilfe, begleitet von ihrem Urenkel, durch die Wohnung.

Bis wenige Wochen vor ihrem Tod lebte sie allein in ihrer Wohnung im zweiten Stock. Neben dem Autofahren liebte sie Schokolade. Wenn sie ihren Vorrat aufgegessen hatte, legte sie einen Zettel vor die Tür: »Keine Schokolade mehr.« Dann holte die Nachbarin Nachschub für sie.

Hilde war keine feinfühlige, sondern eine direkte Frau. Sie war sportlich und stolz. Sie wurde über hundert Jahre alt. Damals konnte sie zwar keine Treppen mehr steigen, aber zu ihrer Geburtstagsfeier fuhr sie selbst, im Wagen eines Fahrlehrers. Im Restaurant scherzte sie, sie wolle sich wieder ein Auto anschaffen.

*

Auch bei Hildes Trauerfeier lichtet sich etwas, als ich von diesem Geburtstagsfest erzähle. Ja, fragen Sie sich vielleicht, darf man das denn, gemeinsam über die resolute Haltung einer Hundertjährigen schmunzeln, die kürzlich verstorben ist? Den Beschreibungen ihrer Angehörigen zufolge hätte

Hilde sich gewünscht, bei ihrem Abschied eher bewundert als betrauert zu werden. Auch hätte es sie sicher gefreut, dass ihre Nächsten ihre Beerdigung mit einem Lächeln überstanden haben und die Trauergemeinde durch die erzählten Anekdoten aus ihrem Leben vereint war. Denn das schafft Humor: Er bringt Menschen zusammen, die auf unterschiedliche Weise trauern. Diese verbindende Kraft des Humors kann auch dann helfen, wenn jemand kurz vor dem Tod steht: Ein gemeinsames Lachen kann einen »Kranken« und einen »Gesunden« zumindest für einen kurzen Moment auf die gleiche Ebene versetzen und damit einen dieser unvergesslichen Momente schaffen, die über den Tod hinaus bleiben.

Viele Verstorbene bleiben mir mit dem in Erinnerung, was ich *Lebenshumor* nennen würde. Damit meine ich nicht die Fähigkeit, am laufenden Band Witze zu reißen. Sondern eine Einstellung, die ihnen die Kraft gibt, Würde und Stolz auch dann zu bewahren, wenn das Leben ihnen diese wegzunehmen droht. Die es schafften, Verlust, Angst und Krankheit mit einer stoischen Haltung und einem Augenzwinkern anzunehmen und das Leben etwas weniger ernst zu nehmen, als es ohnehin schon ist. So wie der alte Herr, der nie ins Pflegeheim wollte, irgendwann aber erkannte, dass es keinen Ausweg mehr gab, und auf die Frage der Pfleger, wie es ihm ginge, mit einem trotzigen »Ich habe einen guten Tag, wenn Sie nichts dagegen haben!« antwortete. Oder der junge Mann, der sich einer Chemotherapie unterzog und sich vor dem Fahrstuhlspiegel die Mütze vom Kopf riss und zu seiner Freundin scherzte: »Nanu, wo sind denn meine Haare geblieben!?«

Nicht jedem gelingt es, in schweren Zeiten ein Lächeln aufzubringen. Ich selbst konnte das lange nicht. Doch heute bin ich der Überzeugung, dass man sich, wenn man die Trauer schon nicht ablegen oder loswerden kann, wenigstens dann und wann mit einem Lächeln eine kleine Auszeit gönnen darf.

Dabei muss ich an ein Bild denken, dessen Bedeutung mir erst heute bewusst geworden ist: Mein Vater lag zuletzt auf der Palliativstation eines norddeutschen Krankenhauses. Als ich ihn einmal besuchte, hörte ich schon im Flur schallendes Gelächter aus seinem Zimmer kommen. In der Tür stehend sah ich, wie er schmunzelnd im Bett lag, rechts und links von ihm eine lachende Krankenpflegerin. Angeblich hatten sie oft mit ihm Englisch gesprochen, obwohl er, wenn auch mit starkem Akzent, Deutsch sprach. Dabei korrigierte er sie aus Spaß, was allen große Freude bereitete.

Mein Vater hatte, wie ich finde, seinen ganz eigenen Lebenshumor, der ihn dazu bewegte, als Rentner Rankengitter für die Rosen im Garten zu bauen und ihnen mit dem übriggebliebenen Holz lustige Gesichter zu verpassen. Dieser Lebenshumor stammt eher aus der Zeit, in der er sich als Kind ohne Schulabschluss und ohne Wintermantel durchkämpfen musste, als aus den bequemeren Jahren als Familienvater und Geschäftsmann. Er hatte das Leben in Armut und Entbehrung ertragen gelernt und war an seinem Lebensende vor allem eines: dankbar. Bei unserer letzten Begegnung lag mein Vater, der sein Leben lang körperlich einem Bären geglichen hatte, wie ein Vogel, der aus dem Nest gefallen war, in seinem Krankenbett: ein Häufchen aus Knochen in einem flatterigen Nachthemd, mit Augen, die für sein abgemagertes Gesicht zu groß geworden waren. Er hatte dennoch ein Lächeln für mich. Es war eines der schönsten, das ich je bekommen habe. Und was tat ich? Auf seiner Beerdigung habe ich nichts davon erzählt.

Die Beerdigungen meiner Eltern waren ernste Angelegenheiten. Sie waren so schwerfällig, wie wir meinten, dass sie es zu sein hatten. Beide fanden in der Kapelle der nächstgelegenen Gemeinde statt. An ihre Trauerfeiern kann ich mich nur schemenhaft erinnern. In der Ansprache wurden Passagen aus der Bibel gelesen, und die gesungenen Kirchenlieder schleppten sich dahin, als hätte jemand beim Plattenspieler die falsche Geschwindigkeit eingestellt. Bei der Abschiedsfeier meiner Mutter spielte eine Cellistin ein Stück von J.S. Bach. Ich weiß nicht mehr, was uns geritten hat, sie zu engagieren. So schön sie auch musizierte und wie beeindruckend Bachs Werke sein mögen: Auf dieser Trauerfeier wurde das Cello für mich zum Folterinstrument.

Bei beiden Abschieden haben wir uns keine leichten Töne oder erhellenden Momente erlaubt. Dabei hätte es genug Anekdoten gegeben, die für etwas mehr Lockerheit gesorgt und ein authentischeres Bild meiner Eltern gezeichnet hätten. Man hätte erzählen können, wie mein britischer Vater anfangs noch in Anzughose und Krawatte versucht hat, seinen norddeutschen Rasen mit dem Handrasenmäher zu zähmen. Oder dass meine Mutter zwar der heimischen Klassiksammlung huldigte, beim Autofahren aber doch lieber den lokalen Popsender aufgedreht hat. Pop wurde bei ihrer Trauerfeier nicht gespielt, und an die väterlichen Mähversuche erinnerte sich auch keiner. Auch zeigte niemand in diesen Stunden so etwas wie Freude. Es lag eher etwas Bleiernes im Raum, so dass ich hinterher das Gefühl hatte, in jener Stunde die Luft angehalten zu haben.

Dabei hätte ich es als Britin besser wissen können, gilt Großbritannien doch als Land des schwarzen Humors. Ein Humor, der einen nicht laut lachen und sich auf die Schenkel klopfen lässt. Sondern einer, der es fertigbringt, dem Schmerz seine Schärfe zu nehmen.

Wie man mit den einfachsten Mitteln für etwas Lebensfreude in einer so schweren Zeit sorgen kann, erkenne ich an den Trauerkarten, die ich als Rednerin hin und wieder zu sehen bekomme. Karten, die mit lebensfrohen Sprüchen und Fotos der Verstorbenen versehen sind. Meine Eltern bekamen und schrieben sehr gerne Karten. Und sie waren Fans von Agatha Christies belgischem Detektiv Hercule Poirot. Eine seiner vielen Weisheiten hätte gut auf ihre Trauerkarte gepasst: »Es gibt keinen Tod, wissen Sie, nur Veränderung.«

Schütze uns vor dem Adler
oder
Der Tod als Erlösung

Vielleicht hätte ich mich eher zu so einer humorvolleren Karte durchgerungen, wäre da nicht der Adler gewesen.

Meine Kindheit spielte sich im England der Siebzigerjahre ab, einer Zeit, in der die dekorativen Lichter, die in der Adventszeit von den Straßenlaternen baumelten, noch Weihnachts- und nicht Winterlichter hießen. In der beim Schulmittagessen grauhaarige *Dinner-Ladies* den von mir gehassten Spam – Schweinefleisch aus der Dose – mit Kellen aus Stahlbottichen herausschöpften und auf unsere Teller platschen ließen; eine Szene fast wie aus *Oliver Twist.*

Es ist eine Zeit, zumindest in meiner Erinnerung, in der niemand darüber nachdenkt, ob das obligatorische Schweinefleisch zum Mittagessen die religiösen oder ethischen Gefühle einiger Schüler verletzen könnte. In der die Schulerziehung noch stark von den strikten christlichen Werten der viktorianischen Zeit geprägt war: So wie man sich täglich in seine Schuluniform zu zwängen hatte, musste man sich auch den strengen Regeln der christlichen Erziehung unterordnen.

Jeden Morgen versammelten sich die rund hundert Schülerinnen und Schüler meiner Grundschule im Schneidersitz in der Aula, die gleichzeitig als Turnhalle diente. Dort wurden wir über Neuigkeiten an der Schule informiert, erhielten ein Lehrstück aus der Bibel verabreicht und durften einige Kirchenlieder singen. Die Lieder mochte ich, vor allem die forscheren Stücke wie *Onward Christian Soldiers.* Auch den vorgetragenen Bibelgeschichten lauschte ich gern, handelten sie doch meist von guten Taten, wie die vom barmherzigen Samariter. Denn »gut und artig sein« stand ganz oben auf der Liste meiner damaligen Lebensziele. Zum Abschluss der alltäglichen Versammlung sagten die Kinder das Vaterunser auf, was bei dem Gemurmel eher einem Mantra als einem Gebet glich. Vor allem die Stelle *but deliver us from the eagle* (sondern erlöse uns von dem Adler) beeindruckte mich sehr, die in Wirklichkeit – hätte ich bereits lesen können – »but deliver us from evil« (sondern erlöse uns von dem Bösen) geheißen hätte. So stellte ich mir jedes Mal vor, wie der bedrohliche Greifvogel mich packen und davontragen würde, sollte ich meinen Spam mittags nicht aufessen. Die Werte der damaligen christlichen Erziehung – gute Mädchen kommen in den Himmel, unartige kommen … nun, so genau wusste man es nicht, aber dass es dunkel und heiß werden könnte, nahm man an – wurden uns eingetrichtert wie der klumpige Kartoffelbrei zum Spam. Nicht dass mich das damals gestört hätte, im Gegenteil: Als Fünfjährige fand ich jene klaren Parameter in einer oft verwirrenden Welt ähnlich beruhigend wie heute die Schilder im Straßenverkehr.

Offenbar hat mich aber die Ernsthaftigkeit, die mir durch meine Erziehung vermittelt wurde, stärker geprägt als angenommen. Selbst als ich die Religion längst hinterfragt hatte und nicht mehr an einen Himmel mit weißen Wölkchen glaubte, auf denen ein bärtiger Mann saß, schien von ihr etwas hängengeblieben zu sein. Eine Art Glaube, dass Fleiß und Anstand belohnt werden und man sich über seine gerechte Strafe nicht wundern muss, wenn man diesen Werten nicht nacheifert. Aber auch die Vorstellung, dass Leben und Tod, wie Himmel und Hölle, zwei entgegengesetzte Dinge sind; der Tod das Kapitel nach dem Leben, sprich eine Folge statt ein Teil desselben; und die Art und

Weise, wie man stirbt, eine Konsequenz dessen, wie man sich im Leben verhalten hat.

Natürlich ist es nicht nur meiner religiösen Erziehung zuzuschieben, dass ich mich vor dem Tod fürchtete und ihn mir wie einen Greifvogel vorstellte, der mich eines Tages mit seinen scharfen Krallen davontragen würde. Doch für mich tendierte das Christentum, wie es mir vermittelt wurde, dazu, den Tod mit einer Schwere zu betrachten, die uns Menschen eher das Fürchten als das Annehmen unserer Sterblichkeit lehrt.

In anderen Religionen und Kulturen scheint der Tod nicht als eine Folge, sondern als Teil des Lebens wahrgenommen zu werden: Die Bewohner der Insel Bali etwa feiern den Tod in ihren bunten Totenfeiern nicht als Ende, sondern als einen Neubeginn für die Seele. Damit möchte ich nicht sagen, dass wir den Tod eines geliebten Menschen zelebrieren oder mit Fanfaren und Trommelwirbel begrüßen müssen. Trotzdem denke ich, dass es eine Erleichterung sein kann, wenn es einem gelingt, den Tod auch ein Stück weit willkommen zu heißen; wenn nicht als Freund, dann wenigstens nicht als Feind, den es zu besiegen gilt. Denn manchmal kann der Tod barmherzig sein, indem er einem Menschen weiteres Leiden erspart. Indem er ihn sanft an die Hand nimmt und ihn aus unserer Welt, die für ihn zu schnell oder schmerzhaft geworden ist, hinausführt. Für mich ist das inzwischen ein tröstliches Bild geworden.

Natürlich weiß ich, wie schwer es ist, dem Tod irgendetwas Wohlwollendes abzugewinnen, vor allem dann, wenn man das Gefühl hat, dass er zu früh oder unfairerweise zugeschlagen hat. Dennoch hilft mir die Vorstellung eines Todes, den es nicht nur zu bekämpfen gilt. Den Tod in einem freundlicheren Licht zu sehen ermöglicht es mir auch, meine eigene Trauergeschichte anders zu erzählen. Denn der Tod hat meine Eltern nicht einfach ausgelöscht, sondern auch erlöst. Von einem Leben, das für sie immer beschwerlicher geworden wäre.

Was bleibt – Tapferkeit und Mut

Ingo starb im Hospiz. Bis kurz vor seinem Tod konnte er allein essen und sich seine Medikamente selbst einteilen. Es war ihm wichtig, stark zu sein. Für sich. Für seine Freundin. Nur zum Schluss sagte er: Es ist schon schade, dass ich das jetzt kriegen musste. Den Krebs. Den hatte man nach seinem Alkoholentzug entdeckt.

Bei der Trauerfeier stand ein großes Bild von ihm in der Kapelle: ein schlanker Mann am See, der stolz einen großen Karpfen hochhält. Ingo hatte schon als Kind gerne geangelt. Als Erwachsener genoss er die Ruhe am Wasser. Wenn er einen Fisch fing, dann warf er ihn meistens ins Wasser zurück, so auch den Karpfen im Bild.

Die Vorstellung von Ingo im Hospiz und das Bild des lebensfrohen Mannes in der Kapelle passen nicht zusammen. Auch wenn Ingo bis zum Schluss an seiner positiven Lebenshaltung festhielt, wie seine Freundin erzählte, und sein Händedruck kräftig blieb. Auch seinen lässigen Gang und sei-

nen Stolz bewahrte er sich. An seinem Lebensende wurde er nicht verbittert. Er blieb stets jemand, der einem in die Augen schaute, wenn er mit einem sprach.

Bei seiner Trauerfeier spielten wir Bob Marley. Ingo besaß über Tausend CDs. Am liebsten mochte er Bands, die mit Leidenschaft musizierten.

Als Ingo klein war, trennten sich seine Eltern. Der Vater war auf einmal weg, es gab keinen Kontakt mehr. Ingo hat viel auf seinen kleinen Bruder aufgepasst und brachte ihn in den Kindergarten, wenn die Mutter bei der Arbeit war. Nach der Schule absolvierte er eine Ausbildung zum Tischler. Er hatte bei einem Bauern eine Schrauberwerkstatt; Bekannte brachten ihre Mofas zu ihm. Er konnte gut mit Kindern und mit Tieren umgehen. Es war eine schöne Zeit. Bis die Mutter seiner kleinen Tochter in die USA zog und das Mädchen mitnahm. Danach war sein Herz leer, erzählte seine Lebensgefährtin.

Sie hatte Ingo auf einem Fest kennengelernt. Er hatte ihr beim Tanzen zugeschaut. Sie hatte ihn gefragt, ob sie ihn küssen darf. Von da an waren sie zusammen. Mit der Zeit trank er weniger und vertraute mehr. Er zeigte ihr die Orte am Meer, an denen er als Kind gefischt hatte. Er lernte, über die Erlebnisse zu sprechen, die ihn verletzt hatten.

Er war nicht religiös, aber er glaubte, dass wir mehr als ein vergänglicher Körper sind. Seine Freundin sagte: »Sein Tod war nicht schön, aber tief«, ein prägendes Erlebnis, das über den Schmerz des Verlustes hinaus immer bei ihr bleiben werde.

*

Ingo ist mir bis heute in Erinnerung geblieben. Noch immer sehe ich das Bild von ihm und dem Karpfen am See vor mir, leicht unscharf und mit dem Handy aufgenommen, aber voller Lebensfreude und herzerwärmender Erinnerungen.

Er konnte dem Tod entgegensehen. Jene Realität akzeptieren, mit der wir alle irgendwann konfrontiert sind, auch wenn wir es nicht wahrhaben wollen: dass der Tag kommt, an dem wir sterben werden, auch wenn wir nicht genau wissen, wann das sein wird.

Als Trauerrednerin bin ich vielen Menschen begegnet, die ihrem Tod mit einer für mich erstaunlichen Ruhe begegnet sind, trotz ihrer möglichen inneren Zweifel. Die etwas besaßen, was ich als Todesmut bezeichnen würde; keine ritterhafte Courage, die sie mit wehenden Fahnen dem Sonnenuntergang entgegenreiten ließ. Vielmehr eine stille Tapferkeit, mit der sie auf einem ihnen völlig unbekannten Weg dahinschritten. Eine Tapferkeit, die ihnen half, ihre Angst wenn auch nicht zu überwinden, dann wenigstens auszuhalten. Die Angst, nicht mehr sehen, hören, schmecken und riechen zu können. Nicht mehr lachen und niemanden mehr lieben zu können. Die Angst vor der Leere und dem absoluten Nichts.

Man kann natürlich behaupten, dass es egal ist, ob man ängstlich oder mutig in den Tod geht, da man ihm ohnehin nicht entkommen kann. Auch kann man argumentieren, dass das Aushalten des eigenen Todes höchstens für die Nachkommen hilfreich ist, damit diese weniger leiden. Ich denke, dass genau das etwas wert sein kann: zu versuchen, es unseren Liebsten einfacher zu machen, wenn wir sterben. Denn wie wir mit unserem Sterben umgehen, beeinflusst auch, wie unsere Liebsten mit ihrer Trauer umgehen. Und vielleicht können wir, indem wir den Gedanken an den Tod nicht scheuen, mit unserer Haltung auch etwas für uns selbst an unserem Lebensende tun.

Zumindest haben mir einige Hinterbliebene erzählt, wie ihre Liebsten, bevor sie starben, alte Erinnerungen noch einmal klar durchlebten. Wie sie sich in ihrer körperlichen Erschöpfung über die kleinsten Dinge freuen konnten. Wie sie dadurch in ihren letzten Tagen oder Monaten zeitweise ein Gefühl von Klarheit und Ruhe erlebten, das ihrer Gegenwart eine tröstliche Schärfe verlieh. Möglicherweise vermochte dieses Gefühl auch alte Reue in den Schatten zu stellen und ihnen damit an ihrem Lebensende etwas Frieden zu schenken.

Für mich trifft es der britische Drehbuchautor Dennis Potter gut. In seinem letzten Interview, das er nach seiner Krebsdiagnose, wenige Monate vor seinem Tod, gegeben hat, sagte er:

> »Auch wenn man weiß, wie vorhersehbar das Leben ist, gibt es ein Element des Unvorhersehbaren, ein Nichtwissen. Das Einzige, was gewiss ist, ist die Gegenwart, und dieses Jetzt wird so greifbar, dass ich mich auf merkwürdige Art beinahe gelassen fühle. Ich kann das Leben feiern.«

Schnell noch etwas Lippenstift
oder
Traurigkeit als Ausdruck von Liebe

Und«, fragte meine Mutter mit leiser Stimme, »werde ich bald sterben?« Was für eine Frage, schließlich befanden wir uns in ihrem Zimmer auf der Palliativstation. Ja, sie würde bald sterben. Ich konnte ihr das aber nicht sagen. Und sie wollte diese Tatsache auch nicht hören.

Wir saßen in ihrem Krankenzimmer. Die Botschaft – dass sie bald sterben würde – blinkte wie eine Neonreklame über unseren Köpfen. Eine Botschaft, die alle sahen, nur wir nicht.

Es ist faszinierend, wie gut wir Menschen verdrängen können. Wie wir mit geschlossenen Augen durch die Straßen wandern und uns dann darüber wundern, wenn wir früher oder später gegen einen Laternenpfahl stoßen. Und der Aufprall kommt bestimmt. An diesem Nachmittag teilte mir meine Mutter mit, dass die Oberärztin mit mir sprechen wolle. Was sie nicht sagte, ich aber dennoch aus ihren Worten heraushörte, war: Dann weißt du es. Wie lange ich noch zu leben habe. Und *du* wirst es *mir* sagen.

Wenig später saß ich vor der Ärztin, zwischen uns eine blaue Mappe, versehen mit dem Namen meiner Mutter. Von ihren Lippen purzelten medizinische Begriffe, von denen ich heute keinen mehr nennen könnte, die aber alle auf das Gleiche hinausliefen: Meine Mutter würde die Woche vermutlich nicht überleben. Ich solle mich darauf gefasst machen.

Wie sollte ich mich darauf vorbereiten? Auch das verstand ich in diesem Moment: Selbst wenn in den Ärzteberichten steht, dass ein Mensch bald sterben wird, auch wenn wir es an einem Sterbebett spüren: Wir sind nie wirklich darauf vorbereitet, wenn der Moment dann tatsächlich da ist.

Bis zu diesem Zeitpunkt hatte ich nie mit meiner Mutter über ihr Sterben gesprochen. »Was meinst du, wird es mir irgendwann bessergehen?«, fragte sie jedes Mal, wenn ich sie während ihrer Krankheit besuchte. Die Hoffnung und die fiebrige Verzweiflung in ihrem Blick ließen mich jedes Mal antworten, dass es ihr sicher bald wieder bessergehen werde. Die Vorstellung, sie in diesem Moment zu fragen, wo und wie sie diese Welt verlassen wolle, schien mir so fern, als würde ich sie fragen, wann sie zum Mond abheben wolle. Dabei war es nicht nur das Vokabular, das mir dafür fehlte; vor allem hatte ich nicht den Mut, ihr den letzten Rest Hoffnung zu nehmen. Zumal mir selbst die Vorstellung, dass ausgerechnet meine Mutter sterben könnte, vollkommen absurd erschien. Als ich nach dem Gespräch mit der Ärztin in ihr Zimmer zurückkehrte, brauchte ich nichts zu sagen. Sie sah es in meinem Gesicht. Mit Tränen in den Augen schaute sie an mir vorbei zum Fenster. Meine Mutter starb noch in jener Nacht.

Das ist das Schwerste, was ich bis jetzt in meinem Leben getan habe: einem Menschen mitzuteilen, dass er sterben wird und darf. Nicht irgendwann, sondern sehr bald. Einem Menschen zu verstehen zu geben, dass er loslassen darf. Dass es für ihn besser ist, wenn er loslässt, auch wenn das einem selbst unerträglich erscheint. Weil wir uns ein Leben lang gegen das Loslassen wehren; und wir mit allen Mitteln versuchen, unsere Vergänglichkeit aufzuhalten; weil die Medizin uns gern glauben lässt, dass wir unser Ableben tatsächlich aufhalten können. Und weil wir unseren Sterbenden und uns selbst stets Hoffnung auf ein Weiterleben schenken möchten.

Denn die Hoffnung, dass es immer weitergeht,

macht uns als Menschen aus. Und damit eine Art irrationaler Glaube an unsere Unsterblichkeit.

Es ist paradox, wie sehr wir uns gegen die fundamentale Wahrheit des Lebens wehren: Wer lebt, wird eines Tages sterben. Auch ich glaubte in gewisser Weise, unsterblich zu sein. Zumindest konnte ich mir nicht im Entferntesten vorstellen, eines Tages nicht mehr da zu sein. Vielleicht lässt sich das Ausblenden meiner eigenen Sterblichkeit auch dadurch erklären, dass ich einer Generation angehöre, deren Eltern alles getan haben, den Schrecken des Verlusts, den sie in ihrer Kindheit miterleben mussten, von uns fernzuhalten. So wuchs ich in dem Glauben auf, mich mit dem Tod gar nicht auseinandersetzen zu müssen. Erst der Tod meiner Mutter ließ mich das Leben, wie Shakespeare es nüchtern in *Macbeth* beschreibt, als einen wandelnden Schatten erkennen: flüchtig und ungreifbar.

Wenn ich mit Angehörigen über das Lebensende ihrer Liebsten spreche, höre ich oft Dinge wie: »Er war ein Kämpfer«, oder: »Sie hat gekämpft bis zum Schluss.« Seltener hört man: »Er hat den Tod willkommen geheißen.« Auch ich selbst benutze dieses positive Vokabular kaum; zu selten sage ich in einer Rede: »Er konnte den Tod annehmen.«

Und dies, obwohl ich heute davon überzeugt bin, dass es kein Zeichen der Schwäche ist, wenn man sich mit seinem eigenen Tod abfindet. Vielmehr ist es für mich heute ein Zeichen von Stärke, wenn es einem Menschen gelingt, dem Tod mit Gleichmut und einer gewissen Akzeptanz entgegenzusehen und so seine verbleibende Zeit den wirklich wichtigen Dingen zu widmen.

Meiner Mutter fiel es nicht leicht, ihr Sterben zu akzeptieren. Sie hat Chemo- und Strahlentherapie ertragen. Sie hat gegen ihre Krankheit gekämpft. In den letzten Monaten schien es allerdings, als würde sie mehr gegen sich selbst als gegen ihre Krankheit kämpfen. Sie fühlte sich als Versagerin, weil sie die Krankheit nicht besiegen konnte.

Ihre Verzweiflung traf mich jedes Mal wie eine Kaltfront, wenn ich sie besuchte. So auch bei jenem letzten Besuch. Als ich ihr Zimmer betrat, schickte sie mich sofort aufgebracht vor die Tür. Als sie mich nach kurzer Zeit wieder ins Zimmer hineinließ, lag sie gefasster, und mit Lippenstift auf den Lippen, im Bett. Sie war verbittert, weil sie nie mehr durch ihr geliebtes London streifen würde. Weil sie keinen ölschwarzen Kaffee mehr auf der sonnengewärmten Bank im Garten trinken und ihre Enkel nicht aufwachsen sehen würde.

Erst heute habe ich verstanden, dass das, was ich als Bitterkeit und Verzweiflung empfand, möglicherweise nichts anderes als eine tiefe Traurigkeit war: ein Ausdruck der Liebe, die meine Mutter für ihr Leben und ihre Liebsten empfand.

In den letzten Jahren, in denen ich mich intensiv mit dem Sterben beschäftigt habe, meine ich begriffen zu haben, was der Verlust, der mit dem Tod einhergeht, wirklich bedeutet. Wie die meisten Menschen hatte ich bereits vor dem Tod meiner Eltern verschiedenste Erfahrungen mit Verlust gemacht. Diese beinhalteten aber immer auch Hoffnung auf Neues: Die Trennung von einem Freund bot die Möglichkeit, eine neue Liebe zu finden, und der Verlust der Heimat die Chance, sich an einem neuen Ort zu Hause zu fühlen. Erst mit dem Tod meiner Eltern wurde mir klar, dass der Tod das ultimative Ende einer Lebensgeschichte ist. Das Ende der eigenen Vergangenheit und Zukunft. Die endgültige Trennung von allem, was man liebt. Der absolute Verlust. Vor dem Tod meiner Mutter wollte ich das alles nicht wahrhaben. An jenem letzten Nachmittag versprach ich ihr, in wenigen Tagen wiederzukommen. Das habe ich auch getan, bereits am nächsten Tag. Nur war sie da schon tot.

Bis heute quält es mich, dass ich an diesem Tag

nicht bei ihr geblieben bin. Auch wenn ich inzwischen weiß, dass Sterbende oft selbst entscheiden, wann sie diese Erde verlassen, und dies häufig dann tun, wenn sie allein sind; wenn etwa die Angehörigen einen Kaffee holen oder sich die Beine vertreten. Andere wiederum harren gegen jegliche Erwartungen aus, bis sie ihre Liebsten endlich an ihrer Seite wissen, und lassen erst dann los. So wie der Herr, dem die Ärzte vorhergesagt hatten, er werde noch am Nachmittag sterben, der aber bis zum späten Abend, bis seine Frau aus dem Kurzurlaub in Spanien zurück war, am Leben blieb. Kurz nach ihrer Ankunft starb er in ihren Armen.

Meine Mutter war mir nicht böse, dass ich sie an ihrem letzten Tag allein gelassen habe. So wie sie auch nie verärgert war, wenn ich in den Jahren davor eine Verabredung mit ihr abgesagt habe, weil ich vermeintlich Wichtigeres zu tun hatte. An jenem Nachmittag vor ihrem Tod war sie es, die mich aufforderte, zu meiner Familie und Arbeit zurückzufahren. Obwohl mir mein Herz etwas anderes sagte und ich die Angst in ihren Augen sah, wollte ich genau diese Worte hören. Und ich tat, was sie mir sagte.

Heute glaube ich, dass sie genau wusste, was in mir vorging, als ich sie das letzte Mal besuchte:

wie groß meine Verzweiflung war, weil ich sie einerseits nicht gehen lassen wollte und ihr andererseits nichts mehr wünschte, als dass ihr Leiden ein Ende nehmen würde. Sie hat all das gewusst oder geahnt, wie Mütter das tun. Ohne dass ich es ihr sagen musste. Während ihr Leben zu Ende ging und sie alleine mit ihrer Verzweiflung zu ringen hatte, schickte sie mich ins Leben zurück.

Was bleibt – Zärtlichkeit

Manchmal ist das, was in einem Gespräch über einen Verstorbenen erzählt wird, wie aus einem Roman: Eine Figur oder Situation wird umrissen, und den Rest darf man sich ausmalen. Oft fehlen die Details, weil sie von den Verstorbenen zu Lebzeiten nicht preisgegeben wurden. Weil man als Angehöriger nicht danach gefragt hat. Weil wir zu selten unseren Eltern, Großeltern oder Geschwistern die Fragen stellen, die nach deren Tod in uns brennen. Warum hast du das getan? Was macht dich glücklich? Wie waren deine Lebensträume? Wovor hattest du Angst?

Manchmal gehen auch mir als Trauerrednerin Fragen durch den Kopf, die ich dem Verstorbenen gern gestellt hätte. Etwa wie man es schafft, einen schwachen und kranken Menschen über Monate oder Jahre hinweg zu pflegen. Wie man es an der Seite eines Menschen aushält, der durch die Krankheit ein anderer zu werden droht als die Person, die man gekannt hat. Wie man es schafft, einen Menschen bis zuletzt im Leben zu halten, und das mit einer Sanftheit und Großzügigkeit, die für mich unvorstellbar sind. So wie es Walther getan hat, dessen Geschichte mich bis heute begleitet.

Walther wurde 1924 in Berlin-Kreuzberg geboren. Er wuchs am Ku'damm auf und hatte eine Jahreskarte für den Zoo. Mit zehn begann er, die Tiere zu zeichnen. An der Schule spielte er Theater. Nach dem Schnell-Abitur wurde er eingezogen. Er wurde Funker und kam mit einem Durchschuss am Finger davon. In Frankreich jedoch landete eine Granate in einem Baum; ein Ast fiel auf ihn herab. Mit Cidre betäubt, musste er erleben, wie man ihn notdürftig operierte und sein Bein vom Laster warf. Damals war er erst neunzehn.

Im zerbombten Berlin suchte er nach Essen für sich und seine Mutter. In den Kellern fand er Ochsenzungen in Fässern. Er tauschte Alkohol und Zigaretten gegen Bücher ein. Dann studierte er Kunst. 1953 heiratete er. Seine Frau war schwanger, als bei ihr Leukämie diagnostiziert wurde. Sie starb wenige Monate nach der Geburt ihres Sohnes, der die ersten Monate im Krankenhaus verbrachte. Walther arbeitete als Kunstlehrer. Eine Nachbarin sah den Mann mit dem kränklichen Kind, Haus und Auto und dachte an eine Bekannte, die vor kurzem Mutter geworden und alleinerziehend war. Warum taten sie sich nicht zusammen?

Was dann geschah, hätte man sich nicht besser ausdenken können: Beide Kinder waren am selben Tag zur Welt gekommen. Helga fuhr von Hamburg nach Berlin, um Walther zu treffen. Schon am ersten Tag, als sie in die Auffahrt zum Haus bog, wussten beide: Sie würden ihr Leben zusammen verbringen. Und das taten sie. Walther war verschlossen, er konnte sich für Stunden in sein Atelier zurückziehen. Helga war fröhlich und offen. Sie ergänzten sich. Stützten sich. Er fand sie schön. Sie behandelte seinen Sohn wie ihr eigenes Kind. In den Sommerferien füllten sie den Fiat 500 mit Koffern, Kindern und Walthers Staffelei. In Dänemark und Frankreich stand er am Strand und malte. Die Kinder waren stolz darauf. Er war begabt und die Strandbesucher interessiert. Sein Holzbein fanden seine Kinder nicht befremdlich. Eher fanden sie, dass den Vätern, die keines hatten, etwas fehlte. Die Familie zog nach Hamburg. Hausaufgaben wurden am Dreierschreibtisch in Papas Arbeitszimmer erledigt; an jeder Seite saß ein Kind. Walther wurde Mitbegründer eines Kabaretttheaters. Licht, Kostüme, Schminke.

Als Helga an Demenz erkrankte, versuchte er ihr das, was sie vergessen hatte oder nicht mehr ver-

stand, zu erklären. Als sie seine Worte nicht mehr erreichten, las er ihr trotzdem weiter vor, und sie hielt dabei seine Hand. Er pflegte sie rund um die Uhr. Er sagte: »Ob Alzheimer oder nicht, ich bin bei dir«, und: »Es wird nicht besser, aber es trennt uns nicht.« Er passte auf sie auf, doch manchmal ließ er sie auch weglaufen. Er konnte sie nicht einsperren. Als sie ins Pflegeheim zog, besuchte er sie jeden Nachmittag, um mit ihr Kuchen zu essen. Nach ihrem Tod sagte er, wie sehr er sie vermisse. Sie war seine große Liebe. Seine größte. Aber er hatte sein Ziel erreicht, sie bis zum Schluß zu begleiten.

*

Als Rednerin lerne ich immer wieder Menschen kennen, die wie Walther ihre Liebsten versorgen, wenn sie schwach oder bedürftig werden. Die sie füttern und waschen. Die sich weiterhin mit ihnen unterhalten, auch wenn kein Austausch mehr möglich ist, und mit ihnen im Rollstuhl spazierengehen, wenn die Welt nur noch auf diese Weise erkundet werden kann. Die als Ehepartner, Geschwister oder Freunde das geben, was nur sie zu bieten haben – Aufmerksamkeit, Geduld, Nähe, Zuneigung –, auch wenn sie selbst in diesem Moment nur wenig

Kraft haben. Die ihre Liebsten bis an deren Lebensende stützen und mit einer beeindruckenden Zärtlichkeit umsorgen und im Leben halten.

Ich finde, die Bedeutung von Zärtlichkeit wird unterschätzt. Wer nach einer Definition sucht, findet sie im Duden als »starkes Gefühl der Zuneigung und damit verbundener Drang, dieser Zuneigung Ausdruck zu geben« beschrieben. Als gleichbedeutend werden Fürsorge und Hingabe genannt. Das sind zwei starke Begriffe, die für mich aber das verkennen, was die Zärtlichkeit so besonders macht: ihre sanfte und zarte Seite. Weshalb ich die Definition des englischen Wortes *tenderness* (*the quality of being kind, gentle and loving*, zu Deutsch: die Eigenschaft, gütig, zärtlich und liebevoll zu sein) zutreffender finde. Es ist genau diese *behutsame Zuneigung*, welche die Zärtlichkeit auszeichnet und ihr eine besondere Kraft verleiht: Mit der kleinsten Berührung kann man oft mehr Zuneigung vermitteln als mit den größten Worten. Die Zärtlichkeit kann das sein, was bleibt, wenn die Leidenschaft abnimmt. Sie kann ein Schlüssel zu einem Herzen sein, das sich eher mit einem liebevollen Lächeln öffnen lässt als mit großen Gesten.

Wie zärtlich, warmherzig und fürsorglich Menschen sein können, zeigen mir die Geschichten der Verstorbenen: der Vater, der seiner frühgeborenen

Tochter täglich sein getragenes T-Shirt in den Inkubator gelegt hat. Die Dame, die die Wäsche der älteren Nachbarin nicht nur gewaschen, sondern auch liebevoll gefaltet vor deren Tür gelegt hat. Das Paar, das sich jeden Abend bei einem Glas Wein aus einem Buch vorgelesen hat. Oder der Herr, der bis zu seinem Tod morgens seine Tauben gefüttert und mit ihnen gesprochen hat.

Manche Menschen können ihr Leben lang keine Zärtlichkeit zeigen, aber an ihrem Lebensende welche annehmen. Es bleibt den Angehörigen in Erinnerung, wenn Oma ihre Hand entspannt in der ihren ruhen lässt, statt sie wie sonst bei der kleinsten Berührung wegzuziehen. Wenn die Zerbrechlichkeit eines Menschen diese Momente der Zärtlichkeit entstehen lässt. Auch wenn in ihnen etwas Betrübliches liegt, weil man weiß, dass es diese Momente ohne die Schwäche des anderen nie gegeben hätte. Gleichzeitig sind es genau diese Gesten der zärtlichen Fürsorge, die Momente der Wärme und Hingabe, die uns fehlen, wenn ein geliebter Mensch stirbt. Zärtlichkeit anzunehmen heißt, schwach und zerbrechlich sein zu dürfen. Zärtlich zu sein heißt, die Zerbrechlichkeit des Lebens und die Schwächen eines Menschen anzunehmen und sich nicht hinter der eigenen Angst und Trauer zu verstecken. Manchmal wird uns erst später bewusst, dass ein Mensch zärtlich zu uns war, aber anders, als wir es erwartet hatten. Manchmal merken wir zu spät, was wir an Zärtlichkeit hätten geben können. Und manchmal ist es noch nicht zu spät, einem Menschen, der aus dieser Welt gleitet, jene behutsame zärtliche Wärme zu schenken, die ihn in den letzten Stunden begleitet. Etwa am Bettrand seiner sterbenden Mutter zu sitzen und mit dieser kleinen Geste ein klinisch-kaltes Krankenzimmer mit Geborgenheit zu füllen.

Wenn die Trauer einzieht
oder
Trauergespräche in leeren Räumen

Draußen dämmert es, als Walthers Sohn die Haustür öffnet. Wir haben uns im Haus seines Vaters zu unserem Gespräch verabredet. Auf der Straße blitzt das Eis. Im Flur scheint es zunächst nicht viel wärmer zu sein. Diese Kälte trifft mich jedes Mal, wenn ich ein Haus betrete, das seit Wochen oder Monaten unbewohnt ist. Eine, die nicht auf den norddeutschen Winter zurückzuführen ist, sondern darauf, dass die Bewohner dauerhaft ausgezogen und an ihrer Stelle die Trauer eingezogen ist. Es ist die Kälte unberührter Ecken und Oberflächen. Von Stuhllehnen, über die länger keine Jacke mehr gelegt wurde. Von vollen Räumen, die noch nie so leer gewirkt haben. Von Wohnungen, in denen keine Erinnerungen mehr geschaffen werden.

Ich habe Trauergespräche in Küchen geführt. In einem Zahnarztlabor, auf der Gartenterrasse und in einer Lagerhalle. Meistens aber führen mich die Angehörigen in ein Wohnzimmer, vorwiegend in ihr eigenes. Manchmal treffen wir uns, wie in Walthers Fall, im Haus der oder des Verstorbenen. Oft werde ich ins Wohnzimmer geführt, in einen Raum, in dem ein Sofa mit weichgesessenen Kissen darauf wartet, gewärmt zu werden, und eine Uhr, die wie ein Herz zu schlagen aufgehört hat, darauf hofft, aufgezogen zu werden. Was würde diese Uhr erzählen, wenn sie könnte? Wovon würde sie berichten? Von Erwachsenen, die ihre Skatrunden im Wohnzimmer gespielt haben, wodurch ihr Schlag zur vollen Stunde im Eifer nicht mehr zu hören war. Von Ehestreitigkeiten, bei denen ihr Ticken in den Momenten der Stille dem einer Zeitbombe gleichkam. Von Kindern, die sich wie Fragezeichen am Esstisch über ihre Mathehausaufgaben beugten und für die sich ihre Sekunden wie Stunden anfühlten. Von einer Familie, die sich am Samstagabend zum gemeinsamen Fernsehen versammelte; eine Art des Zusammenseins, die im Zeitalter des Smartphones, in dem jeder mit seinem eigenen Gerät beschäftigt ist, kaum mehr vorstellbar ist. Viele der Wohnzimmer, in denen ich gesessen habe, wurden zu einer Zeit eingerichtet, in der es solche Geräte noch nicht gab. Und doch, auch wenn heute jeder mit seinem sozialen Netzwerk in seinem eigenen Zimmer beschäftigt ist und das Wohnzimmer als zentraler Raum für nicht mehr bedeutsam gehalten wird, hat es sich bei den Trauergesprächen oft angefühlt, als würde es weiter als Herz des Hauses schlagen. Mit einem Unterschied: Während das Wohnzimmer der Hinterbliebenen bei meinem Besuch besonders aufgeräumt wirkt, ganz so, als ob sie einen Gast erwarteten, sieht das des Verstorbenen oft aus, als wäre soeben eine Windböe hindurchgefegt. Nur die Möbelstücke scheinen noch geduldig an ihrem gewohnten Ort zu stehen, während sich um sie herum Bücher zu hohen Stapeln häufen und Papiere verstreut herumliegen: eine Unordnung, die daher kommt, dass Angehörige mit der schwierigen Aufgabe begonnen haben, die Wohnung einer geliebten Person zu räumen.

In Walthers Wohnzimmer liegen keine Papiere auf dem Tisch, dafür zahlreiche aufgeschlagene Fotoalben. Von einem eingeklebten Foto strahlt mir ein kleiner Junge entgegen, der bis zu den Knien in der Ostsee steht: Es ist Walther, aufgenommen in den Dreißigerjahren, im Alter von fünf oder sechs Jahren. Als ich mich über das Bild beuge, stiehlt eine Lampe neben mir für eine Sekunde meine Aufmerksamkeit: Der Schirm ist mit einem Stoff des britischen Designers William Morris versehen. Mein Vater hatte den Künstler und dessen von der Pflanzenwelt inspiriertes Design sehr geschätzt: Er hatte nicht nur in unserem Haus in London diverse Wände mit Morris' Mustern tapeziert, sondern auch seinen Land Rover mit Gardinen im Morris-Design ausgestattet. Mit einem Ruck transportiert mich dieser Lampenschirm in mein Elternhaus zurück, das sich in einem vergleichbaren Zustand einer beginnenden Unordnung befand, als meine Schwester und ich vor der Herausforderung standen, es auszuräumen. Eine, wie es damals schien, unmögliche Aufgabe, möchte man von seinem Verstorbenen nichts und gleichzeitig alles behalten: nichts, weil der Anblick der Objekte an die Endgültigkeit des Verlusts erinnert. Und alles, um die Requisiten eines Lebens jederzeit in die Hand nehmen und mit ihnen wenigstens einen Teil der Erinnerungen an den Verstorbenen behalten zu können.

Omas selbstgestickte Tischdecke
oder
Das Ausräumen des Elternhauses

Es ist fünf Uhr morgens, und erleichtert wache ich aus meinem Traum auf. Das Schlafzimmer ist in der Dämmerung ein Bild in Grau. Ich gehe in die Küche, trinke ein Glas Wasser und schaue nach draußen, wo der Garten ebenfalls unter einer grauen Decke zu liegen scheint. Der Traum ist mir fast entglitten. Aber nur fast. Einzelne Bilder bleiben. Doch vor allem bleibt das Gefühl, das er hinterlassen hat. Das Gefühl, einen Menschen im Stich gelassen zu haben.

Ein Jahr nach dem Tod meiner Eltern kehrt der Traum immer wieder zu mir zurück: Ich stehe im Flur meines Elternhauses, vor mir meine Mutter im Nachthemd, das sich im Luftzug aufbauscht. Ich bin angespannt, so, als würde ich vor einer Prüfung stehen. Und genau so ist es auch: Zusammen gehen meine Mutter und ich von Zimmer zu Zimmer. Wo früher ein Regal war, droht ein Stapel Bücher umzukippen. Wo eine Kommode an der Wand stand, türmen sich Mützen und Schals auf dem Boden. In anderen Zimmern, wo einst Bilder oder Spiegel hingen, herrscht jetzt gähnende Leere. Die Räume sind noch nicht ganz leer, aber sie wirken so, als hätte ein Einbrecher sich mehr für die Möbel als für deren Inhalt interessierte. Alles liegt nun, zu unordentlichen Stapeln aufgetürmt, auf dem Boden. Wie nach einem Einbruch hat der Anblick von persönlichen Objekten, die sonst verborgen hinter Schrank- oder Schubladentüren liegen, etwas Unwürdiges, so, als würden sie für jeden zur Schau gestellt. Nach unserem Rundgang durchs Haus dreht sich meine Mutter zu mir um und fragt verbittert: Was hast du da getan? Warum musstest du all diese Dinge weggeben?

Dieser wiederkehrende Traum ist nicht weit von der Wirklichkeit entfernt. Meine Eltern hinterließen ein Haus auf dem Lande in Norddeutschland: ein Bau aus den Siebzigerjahren, von außen unscheinbar, mit spitzem Dach und braunem Backsteinimitat verkleidet, das es nur in deutschen Baumärkten zu geben scheint. Die Inneneinrichtung des Hauses kann man am ehesten als eklektisch bezeichnen: Gardinen und Fliesen mit den opulenten Mustern von William Morris, bunte Teekannen in den Regalen und verschiedenste antike Uhren an den Wänden; dazu diverse englische Möbelstücke aus dem viktorianischen Zeitalter – alles Gegenstände, die meine Eltern in über fünfzig gemeinsamen Jahren in London und Deutschland zusammengetragen hatten.

Anhand dieser Gegenstände könnte man ihre Lebensgeschichte erzählen: die schlichte runde Wanduhr in der Küche, die meine Eltern aus einem Baucontainer im Wohnviertel meines Vaters gerettet hatten und die eine der Ersten in ihrer Sammlung werden sollte. Das Kleid im Schlafzimmerschrank von der Traditionsmarke Jaeger, das meine Mutter, die in einem Dreigenerationenhaushalt aufwuchs und sich in ihrer Jugend modische Kleider selbst nähen musste, in den Achtzigerjahren zu einer Gartenparty im Buckingham Palast getragen hat. Die Kommode im Flur mit den Paneelen aus Walnussholz, gefüllt mit der Ausrüstung zweier Großstädter, die für das Landleben im Grunde nicht geschaffen waren: die Tweedmützen meines Vaters, die Lederhandschuhe meiner Mutter und dazu zahlreiche Taschentuchpackungen.

Sechs Monate nach dem Tod meiner Eltern klaffte dort, wo diese Kommode gestanden hatte, eine auffällige Lücke. Nie werde ich den Moment vergessen, als ich den Flur betrat und vor mir der gesamte Inhalt der Schubladen auf dem Boden lag.

Es war das erste Möbelstück, das wir verkauft hatten. Da ich eine längere Zugfahrt von meinem Elternhaus entfernt lebte, hatte sich eine hilfsbereite Nachbarin um die Übergabe an den neuen Besitzer gekümmert. Wenige Tage später stand ich vor dem Haufen aus Schals und Handschuhen, die jetzt so bedeutungslos auf dem Fußboden lagen. Als hätte sie jemand bei einer hastigen Abreise vergessen. Einen ganzen Winter lang hatte das Haus unberührt dagestanden, geduldig wie ein Hund, der auf seinen Besitzer wartet. Nun wurde es aber plötzlich von einer Welle der Aufregung erfasst, denn wir hatten jemanden gefunden, der darin leben wollte. Das Haus zügig auszuräumen und so den Schmerz loszuwerden, den diese Büchse der Pandora mit ihren Erinnerungen in mir auslöste, konnte nur der rechte Weg sein. Dachte ich damals.

In allen Räumen hallte das Leben meiner Eltern nach. Gleichzeitig war eine seltsame Kälte eingezogen, die ich später wieder in verlassenen Häusern antreffen würde. Eine Kühle, die nicht von den kalten Monaten herrührte, in denen sie leer gestanden hatten, sondern daher zu kommen schien, dass das Haus, wie ein einst lebendes Wesen, mit dem Tod seiner Bewohner auch gestorben war.

Die Monate, in denen wir Kinder das Haus meiner Eltern leer räumte, sollten prägend werden, hatte ich doch einiges zu lernen und zu verstehen, was den Umgang mit ihren Hinterlassenschaften anging. Mit jedem Buch und jedem Kochlöffel, den ich in eine Kiste packte oder entsorgte, lernte ich, dass in einem Haus nicht nur gelebt und gearbeitet wird, sondern dass es auch geputzt und gepflegt werden will, weil es sonst wie eine vernachlässigte Pflanze einzugehen droht. Dass vermeintlich tote Objekte aus Holz, Glas, Wolle oder Stahl aus so viel mehr zu bestehen scheinen, weil sie mit dem Leben ihrer Besitzer gefüllt sind. Jedes Objekt birgt eine Geschichte in sich, die gewisse Erinnerungen freisetzen kann, sobald man es in die Hand nimmt; als würde man einen Schlüssel in einem Schlüsselloch drehen. Dass sich die Entscheidung, den unpraktischen, aber dennoch täglich benutzten Brotkasten der Eltern aufzubewahren, wie ein Verrat an Omas selbstgestickter, aber kaum gebrauchter Tischdecke anfühlen kann. Dass eine Kiste CDs, für die man kein Abspielgerät mehr besitzt, einen vorwurfsvoll anzuschauen vermag, weil man nicht daran denkt, sie mit nach Hause zu nehmen.

Das Auflösen des elterlichen Haushalts fühlte sich an, als würde ich ihre Privatsphäre verletzen; als würde ich ihre Spuren verwischen und ihr Lebenswerk zunichtemachen; und das nicht mal sonderlich souverän, denn beim Aussortieren war ich nicht fokussiert. Bei alten Briefen blieb ich hängen, anstatt sie wegzuwerfen. Mit pochendem Herzen schaute ich zu, wie Menschen Vasen, die ich damals für unbedeutend hielt, aus der Haustür trugen. Beim Ausräumen einiger Schubladen war ich zu hastig, bei anderen zu träge; konstant überwältigt von der Menge der Dinge, die alle so viel über das Leben meiner Eltern und das unserer Familie zu sagen hatten. Zu oft stolperte ich über Fundstücke oder verharrte in Räumen, die ich eigentlich zügig ausräumen wollte. Nachts schlief ich schlecht auf einer Matratze im Wohnzimmer. Tagsüber bewegte ich mich wie ein Roboter durch die Unordnung, die ich selbst verursacht hatte. Monate nachdem ich den Schlüssel an die neuen Bewohner übergeben hatte, wurde ich von jenem Traum heimgesucht, in dem meine Mutter mit mir durch die halbleeren Räume wanderte und mich vorwurfsvoll fragte, warum ich so vieles hatte weggeben müssen.

Das Leerräumen des Hauses sollte für mich auch noch auf andere Weise entscheidend sein: So wie ich von einem halbleeren Raum in den nächsten geisterte, verlagerte sich in dieser Zeit etwas in mir. Aus der anfänglichen Taubheit nach dem Tod der Eltern wurde eine tiefe, schwere Trauer. Lange hielt ich es in den Zimmern mit den in Umzugskisten verstauten Uhren und Büchern nicht aus;

mit Gegenständen, die sich zwei Menschen über die Jahre hinweg angeeignet hatten, als könnten sie damit der Ungewissheit und Unbeständigkeit ihres Lebens trotzen.

Fünfzehn Teekannen oder Was soll man behalten?

Der Designer William Morris plädierte dafür, im Zeitalter der industriellen Produktion, dem 19. Jahrhundert, nicht den Wert und die Schönheit des Handwerks zu vergessen. Sein Leitspruch lautete: »*Have nothing in your house that you do not know to be useful, or believe to be beautiful.*« (Habt nichts im Haus, das ihr nicht als nützlich oder schön empfindet.) Nach diesem Motto haben meine Eltern gelebt. Auch ich würde seinem Plädoyer heute zustimmen, wäre ich nicht mit der Frage konfrontiert gewesen, was ich von der Menge an schönen und nützlichen Dingen meiner Eltern behalten sollte. Eine antike Wanduhr mag wunderschön anzusehen und im funktionierenden Zustand nützlich sein, doch was ist, wenn man sechzehn davon hat? Und wer braucht fünfzehn Teekannen? Und was ist mit den Haus- und Fahrradschlüsseln, die in der alten Keksdose scheppern und von denen keiner weiß, zu welchem Schloss sie gehören? Was hätten meine Eltern an meiner Stelle behalten, und was hätten sie weggegeben? Welche Teekannen sollte ich aufbewahren? Die mit den gepunkteten Füßen? Oder doch diejenige, die wie ein dickbäuchiges Schwein aussah?

Ginge es nach den Profiaufräumern, die heute so erfolgreich unser Leben entrümpeln, hätte zumindest die Kanne mit den Füßen überlebt, getreu der Faustregel: Alles, was Freude macht, darf bleiben. Ein weiterer Rat der Aufräumspezialisten besagt, dass man möglichst wenige oder am besten nur ein Exemplar seiner jeweiligen Sammlerstücke behalten soll. Wäre mein Vater diesem Ratschlag gefolgt, gäbe es jetzt nur diese eine Kanne, und so hätte niemand seine Kannensammlung, die er auf einem Regal über dem Esstisch präsentierte, bewundern und damit die verspielte Seite eines nach außen hin reservierten Mannes kennenlernen können.

Auch wenn manches in einem Haus weder schön noch nützlich ist, kann es dennoch eine Bedeutung haben: weil es etwas über seine Besitzer aussagt. Oder weil man als Erbe des Objekts etwas über sich selbst lernt. Eine Erfahrung, die einige vielleicht vom Sichten jener Küchenschublade kennen, die es in jedem Haushalt zu geben scheint: Die Schublade, die mit Mengen an scheinbar unnützem

Zeug gefüllt ist, mit rissigen Gummibändern, offenen Saatgutpackungen, ausgetrockneten Stiften und Bedienungsanleitungen für Geräte, die schon lange nicht mehr in der Küche stehen. Jene Schublade, um die man sich erst kümmert, wenn sie so voll ist, dass sie nicht mehr aufgehen will. Bei der man sich während des Ausmistens ausmalt, dass sich so die Arbeit von Archäologen anfühlt, wenn sie auf einer vermeintlichen Müllhalde einen Schatz entdecken. Als Trauerrednerin habe ich einige Angehörige kennengelernt, die kleine Schätze in den Krempelschubladen ihrer Verstorbenen entdeckt haben: Eine Tochter fand in der Küche der verstorbenen Mutter ein aus einer Zeitung herausgerissenes Gedicht mit dem hingekritzelten Hinweis »Für meine Beerdigung.« Oder ein Sohn, der in einer Schublade des Vaters auf zahlreiche Fotos stieß, die ihn als kleinen Jungen zeigten: ein Fund, der ihn erahnen ließ, was er dem verstorbenen Vater, der Gefühle schwer in Worten ausdrücken konnte, bedeutet haben muss.

Diese Schätze sind nicht nur in der Küchenschublade zu entdecken: Gerne denke ich an den Schiffsexperten zurück, der im Keller neben zahlreichen Exemplaren des *Lloyd's Register of Shipping* (dem Verzeichnis aller größeren Seeschiffe) Kisten mit über die Jahre gesammelten *Mickey-Mouse-*

Comics gelagert hatte. Eine Zeitschrift, die er, wie die Tochter mir verriet, auch mit 91 noch auf seinem Sterbebett las.

Beim Sichten der Objekte, die ein Verstorbener zurücklässt, können einem unerwartete Dinge in die Hände fallen. Diese Funde können überraschen und berühren, gleichzeitig schwingt bei jedem Objekt die Frage mit, ob man es behalten soll oder weggeben kann. Beim Ausräumen meines Elternhauses habe ich einiges über den Umgang mit hinterlassenen Objekten gelernt: Es kann nützlich sein, zunächst intuitiv die Gegenstände zusammenzutragen, die einem bedeutsam erscheinen, bevor man zu sehr über die Frage nach deren Nutzen nachdenkt. Man kann überlegen, was für einen unersetzbar ist und was man deshalb behalten möchte: Eine Kommode kann man in jedem Möbelhaus kaufen, ein Album mit Fotos seiner Liebsten nicht. Man darf sich von der Vorstellung lösen, alles aufbewahren zu müssen; erst recht, wenn die Sachen auf unserem persönlichen Friedhof der Dinge in Keller und Garage landen.

Vor allem muss man sich nicht schämen für das, was man weggibt, und das, was man behält. Es gibt kein Richtig oder Falsch, wenn es darum geht, was man von seinen Liebsten übernehmen möchte oder kann. Jede Wohnungsauflösung nach einem

Todesfall ist ein höchst emotionaler und komplexer Prozess, bei dem man, auch wenn es einem in dem Moment schwerfällt, durchaus großzügig mit sich selbst sein darf.

Und auch das habe ich verstanden: Es kann lange dauern, bis Erbstücke zu tröstlichen Erinnerungsstücken werden; bis ihr Anblick nicht mehr nur Schmerz auslöst. Anfangs empfand ich die Anwesenheit der wenigen Möbel meiner Eltern, die ich in unserer Wohnung unterbringen konnte, eher als belastend als tröstlich. Das große Bild, das über dem elterlichen Sofa gehangen und das ich in unserem Arbeitszimmer auf dem Boden abgestellt hatte, drehte ich mit der Vorderseite zur Wand. Den Schreibtisch meiner Mutter schleppte ich in den Keller ins Exil. Die Uhren ruhten in ihren Kisten, die, wenn man sie versehentlich berührte, plötzlich aufzuwachen schienen und wie wild zu ticken begannen. Als der Schreibtisch meiner Mutter endlich in die Wohnung durfte und ich Lampe und Rechner darauf positioniert hatte, konnte ich dennoch nicht an ihm arbeiten: Es fühlte sich schlichtweg verkehrt an, dass ich dort saß und nicht meine Mutter. Dafür breitete sich ein Gefühl von Wärme in mir aus, als wir die runde Uhr an der Küchenwand aufhängten. Ich zog sie, wie meine Mutter es früher getan hatte, vor dem Schlafengehen auf, so dass ihr gemächliches Ticken die nächtliche Stille in unserer Küche füllte.

Es kann eine Weile dauern, bis man an den Dingen, die man mit einem verstorbenen Menschen verbindet, wieder Freude empfinden kann. Oder bis man sich erlaubt, überhaupt etwas zu empfinden. Denn die Erinnerungen sind immer da, und die Objekte sind nur Trittsteine, die uns zu ihnen führen. Vielleicht, dachte ich, als die Uhr wieder lief und ich das Licht in der Küche ausschaltete, wird sie eines Tages dasselbe für meine Kinder bedeuten, wenn ich nicht mehr lebe. Wenn sie die Uhr aufziehen und dabei an ihre Mutter und an Momente denken, die sie mit mir erlebt haben, während diese über unseren Köpfen tickte.

Sonntägliches Autowaschen
oder
Rituale, die Erinnerungen lebendig halten

Ich verspüre jedes Mal ein Ziehen in meinem Herzen, wenn ein Angehöriger erwähnt, dass ihm das Räumen der Wohnung seines Verstorbenen bevorsteht. Nicht nur das Abgeben und Loslassen der Objekte ist schmerzhaft, sondern auch das Aufgeben der Gewohnheiten, die wir mit ihrem Besitzer verbinden. Manchmal muss man sich als Hinterbliebener wie einen Computer neu programmieren, wenn ein Mensch, mit dem man viel geteilt hat, stirbt: sich an einem Samstagmorgen daran erinnern, nicht wie gewohnt zu seiner Mutter ins Pflegeheim zu fahren; nicht wie seit dreißig Jahren aus dem Kühlschrank den Käse herausholen, um das Brötchen für seine Frau zu schmieren; nicht die Freundin wie üblich am Sonntagabend anrufen oder für den Geburtstag des Vaters ein Geschenk besorgen, wie man es sonst getan hätte.

Wie halten wir die Verstorbenen in unserem

Leben, wenn der Alltag die Erinnerung an sie zu verdrängen droht? Wenn wir so viele persönliche Gegenstände, die wir mit ihnen verbinden, abgeben und mit ihnen die alten Gewohnheiten abstellen müssen?

Vielleicht, indem wir neue Gewohnheiten schaffen, mit denen wir die Erinnerung an einen Menschen wachhalten. Mit denen wir die Endgültigkeit unseres Verlustes etwas erträglicher gestalten können. Neue Rituale, die uns in der Taubheit, die nach einem Verlust oft einsetzt, das Gefühl schenken, auf irgendeine Weise handlungsfähig zu sein. Wie die Ehefrau, die das Auto ihres verstorbenen Mannes am Samstagmorgen wäscht, so, wie er es all die Jahre getan hat. Oder die Tochter, die zum Sonntagsfrühstück die Lieblingskanne ihres Vaters aus dem Schrank holt, so, wie er das früher zu tun pflegte.

Man muss sich die neuen Gewohnheiten selbst aneignen und sie pflegen. Das kann einem niemand abnehmen. Ob als hinterbliebene Tochter oder Bruder, Nachbar oder Kollegin: Wir können weiterhin den 21. Dezember, an dem die Tage wieder länger werden, feiern, wie wir das früher mit der Verstorbenen getan haben. Wir können weiterhin eine Weihnachtskarte an eine bekannte Adresse schicken; wenn auch nicht mehr an ein Ehepaar, dann eben an eine Witwe, und darin erwähnen, dass wir auch jetzt noch an ihren Mann denken.

Beim Thema Weihnachtskarten muss ich an die sechzig oder siebzig Karten denken, die zu jeder Weihnachtszeit im Wohnzimmer meiner Eltern standen. Eine britische Tradition, die meine Eltern und ihre Freunde gern zelebrierten. Im Jahr nach ihrem Tod erreichten sie natürlich keine Karten mehr. Auch mich erreichte keine. Vielleicht, weil der Kollege meines Vaters oder die Freundin meiner Mutter befürchteten, mich mit ihren Gedanken und Erinnerungen an die Eltern zu belasten. Oder die Bekannten schickten keine Karten, weil man das einfach nicht tut: weil es ein ungeschriebenes Gesetz zu geben scheint, das besagt, dass man sich nach dem Tod einer Person nicht mehr bei den Angehörigen melden und ihnen schon gar nicht erzählen darf, dass man sich an den Verstorbenen erinnert.

Beim Schreiben dieser Zeilen frage ich mich, warum auch ich mich so verhalte. Wo ich doch weiß, dass man als Trauernde für jede herzliche und liebevolle Anteilnahme dankbar ist. Warum klingle ich nicht nach einem Jahr bei der Nachbarin, für deren Mann ich die Trauerrede gehalten habe, und sage ihr, dass ich, wenn ich aus dem Fenster schaue, noch immer ihren Mann sehe, wie er mit seiner

Baseballmütze die Straße hinuntergeht? Warum sage ich ihr nicht, dass ich mich bis heute daran erinnere, wie er mich, wenn wir uns begegnet sind, stets mit berührender und höflicher Ernsthaftigkeit fragte: Wie geht es Ihnen, Frau Brown?

I'm sorry for your loss oder Anteilnahme bekunden

Wie sprachlos wir sein können, wenn ein Mensch einen Verlust erlitten hat, erfuhr ich vor meinem allerersten Trauergespräch: Vor mir lagen die Daten meines ersten Sterbefalls: Name der Verstorbenen. Ort und Zeitpunkt des Todes. Telefonnummer der Angehörigen. Die sollte ich anrufen, um mit der Tochter einen Termin für ein Trauergespräch zu arrangieren. Das Telefon wog schwer in meiner Hand. Ich wählte stattdessen die Nummer meines Chefs: »Was sage ich, wenn ich anrufe?«, fragte ich ihn: »Guten Tag, ich bin die Trauerrednerin von XY, mein herzliches Beileid, auch wenn ich Ihre Mutter nicht gekannt habe?«

An diesen ersten Anruf erinnere ich mich, als ob es gestern gewesen wäre: an mein Herzklopfen und wie ich das Gespräch zuvor im Kopf durchgespielt hatte. Wie sprachlos ich mich gefühlt habe. An meine Angst, etwas Falsches zu sagen und damit den Schmerz nur noch größer zu machen. Bis dahin hatte ich noch nie – zumindest nicht bewusst – mit einem Trauernden gesprochen. Auch hatte ich keine Ausbildung zur Trauerrednerin erfahren und entsprechend fühlte ich mich alles andere als vorbereitet. Alles, was ich hatte, war meine Erfahrung als Fragende nach einem halben Leben als Journalistin. Und als Trauernde nach dem Verlust meiner Eltern. Daher konnte das doch nicht so schwer sein, die Tochter anzurufen: Es war kein Jobinterview. Es war kein Verkaufsgespräch. Ich brachte keine schlechte Nachricht, auch wenn es natürlich keinen Grund zur Freude gibt, wenn eine Trauerrednerin anruft. Letzten Endes war es dann auch nicht schwer. Die Dame war freundlich und offen. Ich war freundlich und offen. Wir waren Menschen, die einander nicht kannten, die einander aber auch nicht kennen mussten, um sich in diesem bedeutenden Moment verständigen zu können.

Wie also begrüßt man jemanden, der vor kurzem einen wichtigen Menschen verloren hat? Keine Floskel dieser Welt kann einem Menschen die Schwere seines Verlusts nehmen. Auch können keine Worte einen Verstorbenen zurückholen. Sie können aber, sofern sie ehrlich und ernsthaft gemeint sind, einem Menschen das Gefühl geben, weniger allein zu sein.

Inzwischen weiß ich, dass es kein Richtig oder Falsch gibt, wenn man jemandem mitteilen möchte, dass man mit ihm oder mit ihr mitfühlt. Und es alleine zählt, dass es von Herzen kommt. Denn das erkennt ein trauernder Mensch sofort: wenn Mitgefühl nur vorgetäuscht wird.

Ich weiß, dass man »mein aufrichtiges Beileid« sagen kann, aber nicht muss. Mir persönlich gefällt das englische *»I'm sorry for your loss«* – »es tut mir leid, dass Du jemanden verloren hast« besser; es scheint mir schlichter und ehrlicher zu sein. Auch habe ich verstanden, dass jedes gutgemeinte Wort, mag es noch so unpassend sein, besser ist, als gar nichts zu sagen. Manchmal schmerzen die unausgesprochenen Worte am meisten.

Vielleicht kennen Sie das: die Unruhe der anderen, sobald Sie in einem Gespräch erwähnen, dass Sie kürzlich einen Menschen verloren haben. Wie nervös Ihr Gegenüber plötzlich wird, als hätte das Wetter umgeschlagen. Manche werden unruhig, weil sie nicht wissen, wie sie reagieren sollen. Andere möchten damit nicht behelligt werden, da sie den Schmerz nicht mittragen möchten oder können. Natürlich kann ich nachvollziehen, wie anstrengend es für Freunde, Verwandte oder Kolleginnen sein kann, einen emotional instabilen

Menschen um sich herum zu haben. Ich selbst war so ein Mensch, dem in den Monaten nach dem Tod der Eltern immer wieder die Tränen kamen. Dennoch finde ich Sätze wie: »Jetzt ist es aber auch gut mit der Heulerei«, respektlos: ein Satz, den mir ein nahestehender Mensch drei Monate nach den Beerdigungen meiner Eltern an den Kopf geworfen hat. Niemand sollte sich seiner Trauer schämen müssen. Niemand sollte das Gefühl haben, versagt zu haben, weil er nicht so souverän sein kann, wie die Gesellschaft es erwartet. Niemand sollte sich dafür schämen, nicht mehr so sein zu können, wie er vor dem Verlust war. Oder weil sich das Zusammensein mit anderen in einem Raum so anfühlt, als stünde man auf einer Bühne vor Publikum und hätte den Text vergessen.

Tatsächlich scheint heute die Frage, wie man mit seinem Verlust klarkommt, daran gemessen zu werden, wie wenige Emotionen man als Trauernder offenbart. Auch habe ich beobachtet, dass es eine Art unsichtbare Zeitmarke zu geben scheint – ungefähr sechs Monaten –, nach der man von Kolleginnen und Nachbarn so behandelt wird, als wäre man die Gleiche, die man vor dem Verlust war. Tatsache ist aber, dass man nie mehr der Mensch sein wird, der man einmal war. Die Einsamkeit bleibt und das weit über die ersten Monate hinaus. Und wer trauert, ist oft doppelt einsam, denn man verliert häufig nicht nur eine geliebte Person, sondern muss auch damit rechnen, dass Bekannte sich von einem abwenden aus Furcht, einen mit falschen Bemerkungen zu belasten. Dabei ist es nicht schlimm, wenn man als Außenstehende nicht weiß, was man einem trauernden Menschen sagen soll. Man kann seine Befangenheit ausdrücken: »Ich weiß nicht, was du durchmachst oder was ich sagen soll.« Ich selbst hätte nach dem Tod meiner Eltern lieber diesen Satz gehört, als das verhaltene Schweigen von vermeintlich vertrauten Menschen zu erleben. Als Trauernde ist man für jede ungelenke, aber liebevolle Anteilnahme dankbar. Dankbar dafür, dass man gesehen, die Trauer anerkannt wird und dass sich jemand ebenfalls erinnert. »Ich erinnere mich daran, dass dein Vater über seinen englischen Maßhemden immer solche bayerischen Trachtenjacken getragen hat«, sagte mir ein Nachbar im Dorf der Eltern anstelle der gewohnten Beileidsbezeugung. Eine Bemerkung, die mich seit langem wieder schmunzeln ließ.

Ich weiß, wie schwer es ist, Small Talk zu führen, wenn das Leben zu groß wird. Und doch sind es manchmal die kleinen Gesten, die so viel bedeuten können. Und wenn es gar keine Worte mehr gibt, dann kann man sein Mitgefühl auf anderen Wegen ausdrücken. Denn Mitgefühl zeigen heißt, am Leid des anderen teilzunehmen. Neben ihm in der gefühlten Dunkelheit zu stehen, damit es sich dort weniger einsam anfühlt. Man kann sich entscheiden, zu bleiben oder zu gehen. Nicht wegzulaufen ist jedoch schwerer, als es klingt.

2. TEIL

Leben mit der Trauer

Die Kraft der Kontinuität oder Der Trost vertrauter Abschiedsrituale

Es ist Winter, und die Äste sind mit Raureif überzogen. Über uns läuten die Glocken, als würde ein Riese auf einen unsichtbaren Amboss hämmern. Ihre feierlichen aber auch wehmütigen Klänge lassen bei mir ein Gefühl von Glück und Dankbarkeit aufkommen, diesen Moment miterleben zu können: die klare Luft, die Stille auf dem Friedhof, der langsame Gang der Trauerprozession. Die Gäste in ihren schwarzen Mänteln, die sich gegen den Schnee wie Raben auf einem Winterfeld abzeichnen. Wie immer gehe ich hinter dem Sarg, den die Träger auf einem Rollwagen zum Grab schieben. Hinter uns reden die Trauergäste leise miteinander. In ihren Stimmen schwingen Zurückhaltung und Erleichterung mit. Erleichterung, die Trauerfeier überstanden zu haben. Und Zurückhaltung, als fürchteten sie, ihren Verstorbenen, der über den Sandweg geschoben wird zu stören.

An Tagen wie diesen begreife ich, wie wichtig die zeremoniellen Abläufe für uns Trauernde sind. Diese feierlichen Momente, mit denen wir die Bedeutung eines Lebens zu würdigen wissen: das Glockengeläut am Ende der Trauerfeier, das scheinbar jeden mit seiner feierlichen Wehmut berührt. Die geschmückte Kapelle, ein Stillleben aus Blumen und Kerzen. Die Musik, die jede Ecke des Raums auszufüllen scheint. Das Aufstehen der Gemeinde, wenn der Bestatter die Urne von ihrer Säule hebt. Die Sargträger in ihren Umhängen und dreieckigen Hüten, die den Sarg mit präzisen Befehlen herabsenken, ihre Hüte ans Herz drücken und danach, wie auf zerbrochenem Glas, vom Grab zurücktreten.

Ein Anblick, der mich anfangs beinahe zerriss, weil ich dabei an die Begräbnisse meiner Eltern dachte. Bis ich ihn als stillen und würdevollen Augenblick schätzen lernte: wie die Seile durch die Hände der Männer gleiten, als würden sie ein Boot zu Wasser lassen. Wie in diesen Minuten nicht nur die Anwesenden, sondern der ganze Friedhof den Atem anzuhalten scheint, während auf der anderen Seite der Hecke die Autos vorbeirauschen.

In solchen Momenten beginne ich, die Kraft der Kontinuität zu begreifen: wie tröstlich diese vertrauten Handlungen sein können, durch die eine

Verbindung zu all den Menschen spürbar wird, die bereits vor uns mit ansehen mussten, wie ihre Liebsten in die Erde hinabgelassen wurden. Der britische Historiker G. M. Trevelyan sprach von der

> »Poesie der Geschichte, die in der wundersamen Tatsache liegt, dass einst, auf diesem bekannten Flecken Erde, andere Männer und Frauen gingen, genauso wie wir heute, in ihre Gedanken vertieft und von ihren Leidenschaften beeinflusst, aber jetzt sind sie alle fort, eine Generation entschwindet nach der andern – so, wie auch wir bald entschwinden werden, wie Geister im Morgengrauen …«

Ein Gedanke, der einem vielleicht nicht als besonders tröstlich erscheint, wenn man soeben seinen Verstorbenen beerdigt hat und über den Friedhof in seinen Alltag zurückkehrt. Der mich aber oft begleitet, wenn ich durch jene kantige Landschaft schreite, die von den grünen Kurven der Bäume und Büsche besänftigt wird. Wenn im Vorbeigehen die Inschriften auf den Grabsteinen größer zu werden scheinen: die Käthes, Charlottes und Johns; Namen, die vor langer Zeit beliebt waren und die sich die Kinder eines benachbarten Kindergartens heute wieder zurufen.

Kerzen und Kränze
oder
Dem Unbekannten etwas Bewährtes entgegensetzen

Ich habe das Gefühl, zu viele Artikel darüber gelesen zu haben, wie Hinterbliebene ihre Verstorbenen möglichst rasch und günstig verabschieden wollen. Ich selbst erlebe das nicht so: Als Trauerrednerin bin ich vielen Menschen aus verschiedenen Altersgruppen und Schichten begegnet, die alles für sie Mögliche tun, um ihre Verstorbenen würdevoll zu verabschieden. Dabei beobachte ich, dass sie immer noch auf bewährte Abschiedsrituale zurückgreifen, auch wenn sie die Freiheit haben, die Feiern ausgefallener zu gestalten. Lieber lassen sie den Bestatter die Urne zum Grab tragen, als diese selbst in die Hände zu nehmen, auch wenn das heute nicht nur möglich, sondern fast erwartet wird. Lieber lassen sie ihren Verstorbenen im Leichenwagen eines bekannten deutschen Fahrzeugherstellers zum Friedhof fahren als im Automodell aus dessen Lieblingsserie, wie ich das aus Großbritannien gehört habe. Für die Abschiedsfeier beauftragen sie eine weltliche Rednerin, die dann aber in einer Kapelle spricht, die wie zu Großmutters Jugendzeit geschmückt wurde.

Wie tröstlich diese vertrauten Elemente einer Trauerfeier sein können, erkenne ich, wenn ich die Hinterbliebenen sehe, die vor dem Beginn der Trauerfeier die Kapelle betreten. Beim Anblick der Blumen und Kerzen lässt die Anspannung in ihren Gesichtern nach, so, als würden sie etwas wiederkennen. Oft berührt es mich, dass sie trotz der Emotionen, die in ihnen hochkommen, daran denken, sich beim Bestatter für die schöne Dekoration zu bedanken.

Sicher gibt es verschiedene Gründe, warum Menschen auf die vertrauten Elemente einer Abschiedsfeier zurückgreifen: Weil diese eine Möglichkeit bieten, dem Unbekannten etwas Bewährtes entgegenzusetzen. Und sie eine Antwort auf das Gefühlschaos nach einem Verlust sein können.

Natürlich kann es auch Bequemlichkeit sein, die Hinterbliebene dazu bringt, eine Beerdigung so zu gestalten, wie sie das aus der Kindheit kennen. Einige wissen vielleicht nicht, welche Möglichkeiten ihnen bei ihrem Abschied offenstehen: etwa die, den Sarg selbst zu zimmern, wenn sie das handwerkliche Geschick dafür besitzen und dieser gewisse Auflagen erfüllt.

Und manche wollen von ihren Gestaltungsfreiheiten nichts wissen, weil es einfacher ist, einer konventionellen Beerdigung zuzustimmen, als sich mit den Alternativen auseinanderzusetzen. So, wie ich es bei meinen Eltern gemacht habe mit den Trauergottesdiensten, den traditionellen Särgen, der klassischen Musik und den belegten Brötchen in der Dorfkneipe. Als könnte ich mich vor noch mehr Schmerz schützen, indem ich mich möglichst wenig mit der Gestaltung ihres Abschieds beschäftige.

Nur dass dies bei mir nicht funktioniert hat: Der Abschied von meinen Eltern wurde nicht weniger schmerzhaft, weil wir uns an die ungeschriebenen, aber vertrauten Beerdigungsgesetze gehalten hatten. Ihre Trauerfeiern empfand ich in ihrer Schwerfälligkeit eher als erdrückend. Das lag zurückblickend weniger an dem konventionellen Rahmen, den wir gewählt hatten, als daran, wie wir diesen ausgefüllt haben. Anstelle von Lieblingsliedern und persönlichen Anekdoten hatten wir auf die Sicherheit eines J. S. Bach und Bibelstellen zurückgegriffen.

Umso mehr berührt mich die lebendige Feierlichkeit, durch die sich viele der Trauerfeiern, die ich begleiten darf, auszeichnen. Eine Feierlichkeit, die vor allem durch persönliche Details zu entstehen scheint, die auch in einem konventionellen Rahmen Platz finden: der Sarg für eine Dame, deren Lieblingsfarbe Grün war und der deshalb vor dem Altar in einem lebensbejahenden Grün erstrahlt. Der Song, den zwei erwachsene Söhne mit gebrochenen Stimmen für ihre Mutter am Keyboard singen. Die Vereinsschals, die alle Trauergäste tragen und so die Kapelle in ein Meer aus Blau verwandeln.

Als würde gerade ein traditioneller Rahmen inhaltlich mehr Individualität erlauben, darf heute die Rede mehr als eine Huldigung sein. Gerade die Seiten eines Menschen, die wir Briten als »komplex« umschreiben würden, dürfen genannt werden: die Spleens unserer Liebsten, die wir manchmal erst nach deren Tod zu schätzen lernen. Aber auch die konfliktreichen Seiten eines Menschen, die die Hinterbliebenen umso mehr schmerzen, als es keine Hoffnung auf eine Annäherung oder Aussöhnung gibt.

Im Scheinwerferlicht
oder
Widersprüchliche Gefühle

Als Trauerrednerin treffe ich häufiger auf Angehörige, die mit widersprüchlichen Gefühlen gegenüber ihren Verstorbenen ringen. Für einige kann ein Trauergespräch eine Gelegenheit sein, sich zu ihren ambivalenten Gefühlen zu bekennen. Aufbrausend werden die wenigsten, eher äußert sich die Wut oder die Enttäuschung leise. Ich frage die Familien immer, ob und wie ich die Konflikte in der Rede benennen soll. Viele möchten, dass ich sie ansprechen, wenn auch nur in wenigen oder verschlüsselten Worten. Aus Wutanfällen eines betrunkenen Vaters können dann »schwierige Phasen« werden. Aus Suizidversuchen »Momente des Zweifels«. Ausdrücke, die ich mir als Journalistin, für die es gilt, möglichst wahrheitsgetreu zu berichten, nie erlauben würde. Am Pult jedoch stehe ich nicht als Reporterin, sondern als Trauerrednerin. Unsere Beziehungen wollen vorsichtig behandelt werden und sollten nicht durch die Worte einer Trauerrednerin belastet werden. Manchmal wünschen sich die Angehörigen, dass einige der Notizen, die ich mir während eines Gesprächs gemacht habe, in meinem Heft bleiben. Das tun die Hinterbliebenen meiner Erfahrung nach nicht, um das Erlebte zu vergessen oder den Verstorbenen zu einem Helden zu machen, der er nicht gewesen ist; sondern vielmehr aus dem Wunsch heraus, zumindest für die Dauer der Trauerrede Frieden zu finden, der zu Lebzeiten des Verstorbenen nicht möglich war.

Auf der Urne des Unternehmers rast ein Sportwagen über eine Rennstrecke. Über hundert Gäste drängen in die Kapelle. Die Kollegen des Geschäftsmanns erkennt man an ihren gutsitzenden Maßanzügen, meist in dunklen Blautönen. Während ich warte, bis sich die Reihen füllen, muss ich an das Gespräch mit den Kindern des Verstorbenen denken: »Als Familienvater war er eine Fünf, sozial eine Eins«, hatte der Sohn zu Beginn gesagt. Im Gespräch erzählen die beiden Kinder, wie ihr Vater sich als Unternehmer für das soziale Engagement im Unternehmen eingesetzt hatte; wie er selbst im Altersheim für eine bessere Bezahlung der Pflegekräfte eingetreten war. Und sie berichten davon, wie er sie oft allein bei der kranken Mutter ließ, um sich seiner Karriere zu widmen. Die Luft ist schwer von ihrer Enttäuschung. Am Ende betonen sie, in der Trauerrede den Fokus auf das soziale Engagement ihres Vaters legen zu wollen.

Bei seiner Abschiedsfeier hält die Tochter eine Ansprache, in der sie den Einsatz ihres Vaters betont. Ein Lob, das von den Kollegen mit einem subtilen Kopfnicken begrüßt wird. Man könnte das für heuchlerisch halten: die Anerkennung durch die Tochter bei der Feier und die Enttäuschung der Kinder im Gespräch. Und doch bewegt sich etwas in mir, als ich ihre Worte höre: Ich verstehe, dass es möglich ist, beim Benennen von Erinnerungen selektiv zu sein, ohne das Bild einer Person zu verfälschen. Denn die Bilder bleiben bei einem, die guten wie die schlechten. Sie bleiben, nur dass die Kinder sich entschieden haben, den Blick auf das Positive an ihrem Vater zu richten; wie ein Scheinwerferlicht, das für die Dauer der Trauerfeier alles andere in den Schatten stellt.

Ich staune oft, wie wohlwollend die Angehörigen über ihre Verstorbenen berichten. Wie sie es schaffen zu sagen: »Es war schön, wenn Vater nüchtern war und mit mir auf den Jahrmarkt gefahren ist.« Oder: »Ich bewundere an meiner Mutter, dass sie zu ihrer neuen Liebe stand, auch wenn sie deswegen auszog, als wir noch Kinder waren.«

Wie die Trauer das Herz mit unerwarteten Gefühlen erfüllt; mit Wut und Bitterkeit, aber auch mit Liebe und Versöhnung. Wie der Rückblick auf ein Leben dazu beitragen kann, einen Menschen mit liebevollem Verständnis zu sehen: Oft ist ein Trauergespräch das erste und letzte Mal, dass ein Leben in seiner Gesamtheit betrachtet wird. Manchmal entdecken Angehörige dabei unbekannte Seiten ihres Verstorbenen. Manchmal wird ihnen dadurch erst bewusst, mit welcher Enttäuschung oder Einsamkeit diese Menschen konfrontiert waren. Die Erkenntnisse ändern die gemeinsame Geschichte nicht. Aber sie können neue Perspektiven eröffnen. Sie können einen Angehörigen von dem Gedanken befreien, die Verantwortung für eine schwierige Beziehung allein zu tragen. Und manchmal führt der Blick auf ein ganzes Leben dazu, dass nicht nur die Geschichte des Verstorbenen in anderem Licht erscheint, sondern auch das eigene Leben neu betrachtet werden kann und Antworten auf Fragen gefunden werden, von denen man vorher nicht wusste, dass man sie hat.

Welche Fragen das sein können, wurde mir selbst in der Bibliothek eines Londoner Privatklubs bewusst. Ein Jahr nach dem Tod meiner Eltern sitze ich dort mit meinem Onkel und trinke Tee. Zwei Adlige mit langen Gesichtern schauen von ihren Goldrahmen aus auf uns herunter. Mein

Onkel hockt am Rande seines Sessels. Ich rücke nochmals nervös die Teekanne zurecht. Wir sitzen uns zum ersten Mal gegenüber. Wir beide gehören nicht in diesen edlen Raum mit Blick auf den Park. Der Klub aber war viele Jahre eine Art zweite Heimat für meinen Vater. Und einen ruhigeren Ort für unser erstes Treffen kann ich mir in der hektischen Innenstadt Londons nicht vorstellen.

Gekleidet wie die Königsfamilie
oder
Die Geschichte unserer Verletzlichkeit

Mein Onkel ist der jüngste der drei Brown-Brüder, und der letzte Überlebende. Er ist fünfzehn Jahre jünger als mein Vater. Dennoch mussten die Brüder ein Zimmer teilen, als mein Vater ein Jugendlicher war. Im Erwachsenenalter war der Kontakt zwischen den beiden viele Jahre lang abgebrochen. Erst als ich das Haus der Eltern ausräume, finde ich die Briefe. Lange Briefe, die sich die zwei Brüder vor dem Tod meines Vaters geschrieben haben, als versuchten sie, die verpassten Jahre nachzuholen.

Mein Onkel ist kleiner als mein Vater, aber seine Hautfarbe sieht ebenfalls aus, als wäre er gerade von einem eisigen Winterspaziergang zurückgekommen. Auch er gestikuliert gerne mit einer Hand, wenn er redet. Vor ihm zu sitzen fühlt sich an, als ob ich einen Raum beträte, in dem ich noch nie war, der mir aber vollkommen vertraut erscheint. Er erzählt, wie mein Vater für den mittleren Bruder, der mehrmals von zu Hause weggelaufen war, die Gürtelschläge des Vaters eingesteckt hat. Dass mein Vater versucht hat, seinen Bruder auf diese Weise zu beschützen. Als mein Onkel mir von dem Menschen erzählt, der später zu meinem Vater geworden ist, beginne ich, etwas zu verstehen, was für mich lange ungreifbar war.

Was wusste ich über meine Eltern, als sie starben? Den Inhalt ihrer Lebensläufe. Meine Erinnerungen. Einige überlieferte Tatsachen: wie die, dass mein Vater in den Siebzigerjahren gegen die Nuklearaufrüstung demonstriert hat und anfangs keine Kinder in diese Welt setzen wollte.

Meine Eltern hatten viel Liebe für uns, taten sich aber schwer damit, diese kindgerecht zu zeigen. Im Winter kleideten sie uns wie Mitglieder der Königsfamilie in Wollmäntel und -röcke. Der gemeinsame Besuch eines Spielplatzes blieb so exotisch wie der eines fernen Landes. Mit acht Jahren schlief ich neben meinem Vater in einer Wagner-Oper ein. Beide Eltern zeichneten sich durch eine starke Persönlichkeit aus, mein Vater mit seinem Temperament, meine Mutter mit ihrem schönen Stolz, neben der man als Kind leicht verblasste.

Alles, was wir erleben, bleibt bei uns, davon bin ich nach den Gesprächen mit vielen Familien überzeugt. Alles bleibt in uns, und manchmal gesellen sich zu den alten Erinnerungen neue Bilder und Erkenntnisse, die das Erlebte ergänzen oder erweitern. Wenn ich heute an die Unnahbarkeit meines Vaters denke, die ich in meiner Kindheit als schwierig empfand, dann denke ich auch an seine möglichen Ängste: vor der Verletzbarkeit seiner Kinder und vor seiner eigenen. Und davor, uns in eine so fragile Welt zu setzen.

Die Geschichten der Verstorbenen sind auch die ihrer Verletzlichkeit. Aber auch Geschichten davon, was aus dieser Verletzlichkeit entstehen kann. Ich glaube nicht, dass ich das nötige Verständnis und Mitgefühl für die trauernden Familien aufbringen könnte, wenn ich nicht selbst den Schmerz der Trauer erfahren hätte. Erst durch diese Erfahrung sehe ich, wie die Verletzbarkeit uns mehr als vieles andere verbindet. Wenn man selbst gelitten hat, wächst, glaube ich, das Verständnis für andere, die leiden; und damit das Bedürfnis nach Wohlwollen und Versöhnlichkeit. Manchmal kann aus diesem Bedürfnis mehr entstehen: Ein neuer Beruf. Eine Freundschaft. Oder der Versuch, die Menschen in zwei Ländern zusammenzubringen, die viele Jahre als Feinde galten. So wie Claus, den seine Pfleger, als einen feinen und fairen Mann beschrieben haben.

Was bleibt – Versöhnlichkeit

Er lebte vier Jahre im Pflegeheim, wo er am liebsten in seinem Sessel Radio hörte.

Claus wurde 1923, zur Zeit der Inflation, in Hamburg geboren. Seine Geburt kostete mehrere Millionen Reichsmark, wie er gern erzählt hat. Sein Vater war Buchdrucker, seine Mutter Dienstmädchen. Er hatte eine Schwester, Hilde, die oft kränklich war. Er wuchs in der Steenkampsiedlung in Hamburg auf. Sein Vater war gewerkschaftlich engagiert und sammelte Griffelkunst, graphische Werke. Claus zeigte früh Interesse an Büchern und Kunst.

Sein Abitur holte er nach dem Krieg nach. Mit achtzehn wurde er eingezogen und nach Frankreich geschickt. In amerikanischer Gefangenschaft in Arkansas arbeitete er als Sous-Chef. Es ärgerte ihn, dass die Schwarzen in der Rangordnung unter den Kriegsgefangenen standen. Von Arkansas ging es nach Leicester, England. Hier nahmen die Familien die deutschen Kriegsgefangenen an Feiertagen auf. Besonders beeindruckt hatte ihn die Begegnung mit einer Frau, die er auf der Straße nach dem Weg gefragt hat. Als sie bemerkte, dass er aus dem feindlichen Deutschland stammte, erzählte sie ihm, dass ihr Sohn im Krieg gefallen war. »Aber Sie«, sagte sie, »sollen noch eine Chance bekommen.«

Claus hat seine Chance erhalten und genutzt. Nach dem Studium arbeitete er in London für die BBC *Worldwide. Als Journalist hatte er seine Berufung gefunden. Er berichtete über das, was an England für deutsche Hörer von Interesse war. Ende der Fünfzigerjahre wurde sein Sohn in London geboren. Als die Hebamme das blonde Kind den Eltern überreichte, sagte sie: »Here is your Siegfried.« Claus konnte über solche Bemerkungen hinwegsehen.*

Nach dem Umzug nach Köln wurde Claus beim Deutschlandfunk Redaktionsleiter des englischen Dienstes. Der Umzug war für ihn ein Kulturschock, die Stadt war ihm zu quirlig und »kölsch«. Aber er blieb stolz auf seinen englischen Garten. Nur dem Bramley-Apfel bekam das deutsche Klima nicht.

Claus hat viel zur Annäherung der beiden Länder beigetragen. Als politisch denkendem Menschen blieb ihm zuletzt vor allem die Sorge um die heutige Welt. Er war aber zufrieden mit seinem Leben. Mit dem, was er erlebt und erreicht hatte. Er konnte über den Tod reden. Zu seiner Beerdigung meinte er: »Diesen Firlefanz brauche ich nicht.«

*

An Claus denke ich immer, wenn ich in meiner Heimat bin. Wenn ich an der Themse stehe und in Gedanken das Gedicht von William Wordsworth Verfasst auf der Westminster Bridge höre, eine Liebeserklärung an London – *»Die Erde hat nichts Schöneres aufzuweisen …«* –, mit der ich die Trauerfeier von Claus eingeleitet habe.

Claus' Geschichte ist die eines Menschen und zweier Länder. Und in gewisser Weise ist sie auch die meiner Eltern, einem Briten und einer Deutschen, die mit Verlust und Entbehrung aufwuchsen und nur eines wollten: miteinander vereint sein. Die nicht in der dunklen Vergangenheit verharrten, sondern das Licht auf ihre Zukunft richteten. Auch das bleibt von uns, wenn wir sterben: das Bedürfnis und die Fähigkeit, versöhnlich zu sein.

Goldene Blätter
oder
Die kleinen Wunder des Alltags

Es ist Herbst, und auf dem Friedhof regnet es sanft Blätter. Zwischen den Gräbern huscht ein Eichhörnchen hin und her. Ich bin zu früh für eine Trauerfeier und warte auf einer Bank, deren Holz von der Sonne gewärmt wurde. Diese Jahreszeit mochte ich schon immer. Ich verbinde sie mit meiner Kindheit und all den widersprüchlichen Gefühlen, mit denen ich meine über den Sommer verstaubte Schultasche gepackt habe: mit Nostalgie für die zu Ende gehenden Sonnenmonate und Vorfreude auf die Klassenkameraden. Mit Optimismus und einer nicht erklärbaren Melancholie. Während ich auf der Friedhofsbank sitze und die Baumkronen betrachte, die aussehen, als hätte man sie in goldene Farbe getunkt, zeigt mir die Natur, wie schön Vergänglichkeit sein kann.

Als Trauerrednerin bin ich oft auf dem Friedhof und erlebe nun die Jahreszeiten intensiver. Im Frühjahr höre ich auf dem Waldfriedhof die Frösche im Teich quaken. Im Sommer scheinen die Grabsteine die Hitze abzustrahlen. Im Herbst buddeln die Eichhörnchen auf dem Parkfriedhof ihre Vorräte ein. In den ersten hellen Tagen nach dem Winter singen die Vögel, als müssten sie ihre Lungen freipusten. Als würden sie sich für die junge Frau besonders anstrengen, die von den Trägern in ihrem Sarg vor uns hergeschoben wird.

Natürlich zwitschern die Vögel nur zufällig so. Und dass die riesige Spinne während einer Trauerfeier die Säule erklimmt, auf der die Urne eines Naturfreundes steht, ist sicher auch nur Zufall. Doch seit ich täglich mit dem Tod zu tun habe, gibt es vieles, was nicht mehr einfach zufällig zu geschehen scheint. Ich schreibe eine Rede über einen Herrn, der sich geschworen hatte, niemals zum Pflegefall zu werden. An dem Tag, an dem sein Pflegebett nach Hause geliefert wird, stirbt er; aber nicht, bevor er, umgeben von seiner Familie, mit einem Glas Sekt auf das Bett angestoßen hat.

In einem Trauergespräch erzählt mir ein Vater von seinem Sohn, der mit Anfang vierzig an Krebs gestorben ist. Der Vater zeigt mir im Garten den Kastanienbaum, den er für seinen Sohn als Kind gepflanzt hat. Als dieser an Krebs erkrankt, leidet die Kastanie an Mottenbefall. Mit letzter Kraft versucht der Sohn den Baum zu retten, indem er unermüdlich die vertrockneten Blätter aufsammelt. Doch der Baum ist nicht zu retten und auch sein Besitzer stirbt wenige Monate später.

Als Trauerrednerin gehört es zu meinen Aufgaben, die Geschichten der Verstorbenen, die mir anvertraut werden, zu behalten und auszuhalten. Manchmal heißt das auch, mir Geschichten anzuhören, die mir bei jeder anderen Gelegenheit absurd vorgekommen wären, mir als Trauernde aber vollkommen logisch erscheinen. Mit der Zeit lerne ich, wie tröstlich diese unerklärlichen Momente für Trauernde sein können. Sie schenken uns ein Gefühl der Verbundenheit mit einer Welt, die uns als Trauernde oft kalt und fremd erscheint. Die Sonne, die zu Beginn der Abschiedsfeier durch das runde Fenster genau auf die Urne einer Sonnenanbeterin scheint. Der Regen, der bei einem Live-Konzert genau dann aufhört, wenn die Band das Lieblingslied der verstorbenen Freundin spielt. Vor allem die Natur scheint uns tröstliche Botschaften zu schicken: die Rosen, die im Garten eines Herrn länger als gewohnt blühen und ihm auf seinem Sterbebett große Freude bereiten. Der Schmetterling, der bei einer Abschiedsfeier in die Kapelle flattert und sich auf der Urne niederlässt, auf der ein Artgenosse abgebildet ist.

Es sind kleine Wunder wie diese, welche der Alltag für uns bereitzuhalten scheint, wenn wir sie am meisten brauchen. Oder für die wir besonders empfänglich sind, wenn die Welt, die uns einmal vertraut war, uns als Trauernde plötzlich fremd erscheint.

Möglicherweise hat die Trauer auch mich dafür sensibler gemacht. Plötzlich sehe ich überall Hinweise auf den Tod, wo ich sie nicht vermutet hätte: ein Graffiti an einem Stromkasten, auf dem »TOD« zu lesen ist. Ein Aufkleber an einem Auto mit der Aufschrift *»Death Proof«*. Im Fenster eines Designerbüros kleine Skelette, in Jacken gekleidet und mit Hüten auf ihren Schädeln.

Auch bei mir zu Hause taucht der Tod vermehrt auf. Im Regal stehen auf einmal Bücher, die sich auf verschiedenste Weise mit dem Thema auseinandersetzen. Es sind Bücher zu Nahtoderfahrung, Biographien von Bestattern und Bildbände mit historischen Zeichnungen von tanzenden Skeletten. Alles Werke, über die ich mich jedes Mal selbst wundere, wenn ich zu ihnen hinblicke, hatte ich mich früher geradezu abergläubisch von Büchern abgewendet, die allein den Begriff Tod im Titel enthielten.

Mein erstes graues Haar
oder
Die eigene Vergänglichkeit

Auch im Radio, Fernsehen und in der Zeitung wende ich mich vermehrt dem Tod zu. Eines Morgens höre ich mir ein Interview mit einer britischen Paralympics-Siegerin im Radsport an, die mit einer seltenen und unheilbaren Krebsart lebt. In ihrer bescheidenen und fröhlichen Art erzählt sie, wie schön sie es finden würde, wenn man sich als gesunder Mensch nicht über ein einzelnes graues Haar aufregen würde, da man froh sein könne, überhaupt grau werden zu dürfen.

Tatsächlich habe ich wenige Wochen zuvor mein erstes graues Haar entdeckt. Als ich mir das Interview anhöre, schäme ich mich, dass mich der Fund so schockiert hat. Dass ich mir mit Schrecken ausgemalt habe, wie es sein wird, ganz grau zu sein. Es ist nicht Eitelkeit, die mich bewegt. Eher schließt sich dieser Moment an eine Reihe von weiteren Entdeckungen an, die ich bei mir als Mittvierzigerin häufiger mache, in denen sich der körperliche Verfall erstmals offenbart. Wie durch ein Portal bin ich in einen Lebensabschnitt eingetreten, in dem alles zum ersten Mal geschieht, nur eben umgekehrt zur Kindheit: Zum ersten Mal kann ich den steilen Berg im Park nicht hochjoggen, sondern muss ihn hochgehen. Zum ersten Mal schmerzt der Rücken, ohne dass das Ziepen wie sonst einfach verschwindet. Zum ersten Mal entdecke ich ein graues Haar auf meinem Kopf. Es ist ein merkwürdiger Widerspruch, den ich, in der Mitte des Lebens angekommen, erlebe: Der Körper wird alt, der Geist aber ist klar. Die Lebenserfahrung hat mir neues Selbstbewusstsein geschenkt. Wenn ich aber sehe, was das Altern mit meinem Körper anstellt, schrumpft diese neugewonnene Selbstsicherheit. Aus dem einst abstrakten Gedanken des Älterwerdens ist Wirklichkeit geworden. Auch ich werde, was für eine Überraschung, älter und verletzlicher. Und das ist schwer für mich, da ich gemäß dem Lebensmotto, dass mit harter Arbeit alles zu meistern ist, erzogen wurde. Ich muss jetzt akzeptieren, dass ich die Schwächen meines Körpers nicht mit dem bisherigen Zaubermittel Disziplin überlisten kann.

Vielleicht lässt sich dadurch erklären, warum ich so gerne Bananen mag: weil sie mich an Bananaman erinnern, einen meiner Lieblingscartoons aus meiner Kindheit, der von einem unsportlichen Jungen mit vorstehenden Zähnen handelt, der alle Schwächen mit dem Verschlingen einer Banane überwindet. Der dann in Sekundenschnelle zum Superhelden wird, mit Oberkörpermuskeln, die seinen gelbblauen Anzug sprengen. Und der, wenn in der Nachbarschaft Unheil droht, sofort zur Stelle eilt. Superhelden wie Bananaman begleiteten mich in meiner Kindheit: Spiderman, der mit einer beneidenswerten Lässigkeit die Gebäude hochflitzte und meine Wangen wärmer werden ließ. Penelope Pitstop, die sich mit ihrer rollenden Puderdose vor den Fängen gieriger Gangster zu retten wusste. Gebannt schaute ich meinen Helden auf unserem schuhkartongroßen Fernseher zu. Im Nachhinein glaube ich, von den Cartoon-Figuren mehr Lebensweisheit – Nachsicht, Loyalität, Witz – mitbekommen zu haben als von den Erwachsenen, die mich erziehen wollten.

Eine Puderdose auf Rädern besaß ich nicht und auch kein hübsches Fahrer-Outfit samt Helm und Mantel in knalligem Pink. Aber lange Beine wie Penelope Pitstop, die hatte ich, und wenn ich mich anstrengte, so dachte ich, wenn ich sie auf dem Bildschirm rennen sah, konnte ich auch so laufen. Es sollte einige Jahre dauern, bis ich diesen Wunsch verwirklicht hatte. Bis die unsportliche Jugendliche aus London, die in einer Klasse deutscher Schüler, die behaupteten, auch nicht turnen zu können, um dann mit einem eleganten Flickflack davonzuspringen, gelandet war, sich tatsächlich in eine ausdauernde Joggerin verwandelt hatte. Später wurde aus der Läuferin eine Fitnesstrainerin, die andere drillte und die für ihren gestählten Körper so etwas wie Anerkennung erntete. Zumindest fühlte sich das so an auf dem Podest des Fitnessstudios, von dem ich als Studentin zu peitschenden Beats Befehle hinuntergebellt habe. Auch im benachbarten Geräteraum empfand ich es als heilsam, meine Muskeln beim Gewichtestemmen aufschreien zu hören und durch das Ignorieren des Schmerzes die Macht über meinen Körper zu spüren. Ihn zu besiegen wurde zu einem Mechanismus, der mir half, die gefühlte Unsichtbarkeit als Heranwachsende in einem fremden Land und mit einem sich verändernden Körper zu überwinden. Mit den Jahren wurde er für mich zu einer selbstverständlichen Methode, um auf Stress oder emotionalen inneren Schmerz zu reagieren; ich schnürte die Laufschuhe und lief meinen Gefühlen davon. Oder ich verdrängte sie, indem ich noch eine Gewichtscheibe mehr auf die Beinpresse packte.

Wir alle haben Methoden, unsere Ängste – auch

die vor dem Älterwerden – von uns fernzuhalten. Der eine raucht eine Zigarette, und während diese brennt, ist die Welt für ihn in Ordnung. Der andere meditiert eine Stunde lang. Manch einer dreht einen Death-Metal-Song auf. Ein anderer wiederum setzt sich in die Stille einer Kirche. Einige müssen laufen, um die innerlichen Spannungen aushalten zu können. Andere suchen den Kontakt zu Mitmenschen, um sich von sich selbst abzulenken.

Natürlich können gewisse Alterungsprozesse mit Selbstdisziplin hinausgezögert werden. Solange man die dazu benötigte Energie aufbringen kann. Manchmal fühlt man sich jahrelang gleich jung, doch dann wird das Alter plötzlich spürbar. Dies geschieht oft dann, wenn das Leben mehr fordert, als man zu geben hat, etwa nach Scheidungen und beruflichen Strapazen, nach Geburten oder Verlusten.

Für mich stellten die Jahre nach dem Tod der Eltern eine Zeitenwende dar, in der nicht nur mein Lebensweg eine neue Richtung einschlug, sondern das Lebenstempo generell anzuziehen schien. Der innere Schutzschild, mit dem ich mich jahrelang geschützt hatte, wurde brüchiger, wodurch mein verletzbares und einsames Ich zum Vorschein kam. Es war eine Zeit, in der ich die eigene Verletzbarkeit und die der Welt um mich herum erkannte. In der ich begann, über meinen eigenen Tod nachzudenken, und verstand, dass sich vor allem eines sicher über die Zukunft sagen lässt: Sie wird mehr Verluste bringen.

Strampeln zwischen den Seerosen
oder
Selbstbestimmtes Sterben

Es ist ein später Sommerabend. Der beginnende Sonnenuntergang färbt die Unterseite der Wolken pink. Über den grauen Wellen leuchten die Augen meiner Mutter. Wir schwimmen bis zum anderen Seeufer. Zwischen den Seerosen treten wir Wasser. Ich bin erst Mitte zwanzig, aber ich habe plötzlich einen merkwürdigen Gedanken angesichts dieses Glücksmoments: So könnte ich sterben, mitten im See, der Himmel weit über mir, getragen von der Natur und im Beisein eines lieben Menschen. Es wäre ein schneller Tod, vielleicht ein Herzinfarkt. Ich stelle es mir vor, als ob jemand das Licht über mir ausschalten würde: die wunderschöne Landschaft, der Schock des Schmerzes und die plötzliche Kälte. Und dann Dunkelheit.

Viele Jahre habe ich nicht mehr an dieses Bild gedacht. Doch nun, nach so vielen Begegnungen mit trauernden Familien, kehrt es wieder. Als wäre es gestern gewesen, sehe ich das Schilf und die neugierigen Haubentaucher vor mir. Sanft umspielt das Wasser meine Beine. Einige Erinnerungen scheint man zu denken, andere zu fühlen. Und wieder kommt in mir der Gedanke hoch, wie es sein wird, wenn ich eines Tages sterbe. Sicher nicht an einem Sommerabend, kurz und schmerzlos und umarmt von der Natur. Sondern, laut der Statistik, wohl eher in einem Krankenzimmer. Der Gedanke darf meinetwegen schnell wieder untertauchen, so wie die Haubentaucher, die uns damals beobachteten. Allein wenn ich an meine Kinder denke, wie sie vor meinem Sarg sitzen, zieht sich mein Herz zusammen. Ich mag mir nicht vorstellen, wie es für sie sein wird, wenn der Mensch, der ihnen versprochen hat, sie niemals alleinzulassen, sein Wort nicht mehr halten kann.

Niemand denkt gern an seine Beerdigung. Auch ich nicht. Schon die Vorstellung, dass die Trauergäste mich in meiner Holzkiste oder in meinem Keramiktopf anstarren könnten, ist mir unangenehm, da ich nie gerne im Mittelpunkt stand. Und dann die Blumengestecke, die in der Kapelle aufgestellt werden; mehr Blumen, als man je zu Lebzeiten bekommen hat: für mich ein Graus, konnte ich doch Schnittblumen nie leiden.

Für alles haben wir einen Plan: Ein Lebensereignis wie die Geburt planen wir gern bis ins Detail, wälzen dafür Bücher, versuchen Ort und Zeit der Niederkunft zu bestimmen und wer uns dabei begleiten soll. Doch obwohl die Sicherheit, dass wir eines Tages sterben werden, größer ist als die, dass wir Eltern werden, planen die wenigsten, wo sie sterben würden, wenn sie es bestimmen könnten, und wer sie an ihrem Lebensende begleiten soll. Wir reden nicht einmal darüber. Nicht mit uns selbst und schon gar nicht mit anderen. Wer versucht hat, das Thema »Mein Sterben« lässig im Gespräch mit seinen Liebsten einzubringen, der weiß, wie viel einfacher es ist, diese Unterhaltung auf ein andermal aufzuschieben.

Dabei müsste ich es besser wissen, schließlich schreibe ich immer wieder Reden für Menschen, die unerwartet gestorben sind. Auch weiß ich nach dem Tod meiner Eltern, wie hilflos man sich bei der Vorbereitung der Beerdigung fühlen kann, wenn man mit dem Verstorbenen nie über dessen Vorstellungen gesprochen hat. Während mir der Mut fehlt, mir konkrete Gedanken zu meinem möglichen Abschied zu machen, lerne ich bei meiner Arbeit Menschen kennen, die mit dem Thema lässiger umgehen können. So erzählt mir ein Mann offen davon, wie er und seine Frau einen jährlichen *Death Day* zelebrieren, an dem sie ihr Testament und ihre Patientenverfügung überprüfen sowie ihre Wünsche für ihre Beerdigungen aktualisieren.

Tatsächlich können wir zu Lebzeiten einiges tun, um unseren Abschied von dieser Welt für uns und unsere Liebsten einfacher zu machen. Wir können mit unserer Familie und unseren Freunden darüber sprechen, welche Vorstellungen wir vom Sterben haben. Wo wir bestenfalls sterben möchten und wer uns dabei begleiten könnte. Zumindest höre ich oft von den Angehörigen, wie tröstlich es für ihre Verstorbenen war, wenn sie sich in den Monaten oder Wochen vor ihrem Tod nicht allein fühlten und sich von ihren Nächsten verabschieden konnten. Nicht auf eine dramatische Art, wie man das aus Film und Fernsehen kennt. Sondern einfach, indem man Zeit zusammen verbringt. Zeit, die besonders intensiv sein kann und die sowohl den Sterbenden als auch ihren Nächsten das Gefühl schenkt, alles Wichtige gesagt zu haben.

Viele von uns werden in einem Krankenhaus oder in einer Pflegeeinrichtung sterben. Auch wenn die Mediziner am Lebensende zu Vertrauenspersonen werden können, sind sie nicht wichtiger als die Angehörigen. Ärzte und Ärztinnen können einen Sterbenden am Leben erhalten. Aber nur die Angehörigen können einem Sterbenden helfen zu leben. Denn das tun die Menschen, die im Sterben liegen: Sie leben. Sie haben Bedürfnisse. Sie wollen berührt werden. Sie wollen Musik hören. Sie möchten ein allerletztes kaltes Bier trinken. Oder zumindest daran nippen. Ich muss daran denken, wie eine Krankenschwester auf einer Palliativstation einem Mann eine Wärmflasche ans Bettende legte, »weil niemand mit kalten Füßen sterben sollte«. Eine kleine und doch so liebevolle Geste. Und dann muss ich an die Ehefrau des Mannes denken, die ihrem nicht mehr ansprechbaren Ehemann alte Kinderlieder vorsummte; Lieder, von denen nur sie wusste, dass es Lieder aus seiner Kindheit waren.

Wir wissen nicht, wann und wie wir sterben werden. Aber wir können, glaube ich, an unserem Lebensende mehr bestimmen, als wir zu Lebzeiten glauben. Das Leben ist nicht nur etwas, was einem passiert. Wir können, bevor uns die Zeit die Chance dafür raubt, uns ein Hospiz anschauen, über verschiedene Friedhöfe gehen, uns bei möglichen Pflegeanbietern informieren. Vor allem können wir unseren Familien oder Freunden mitteilen, wie wir gerne sterben würden. Wir können sie an unseren Gedanken teilhaben lassen, in der Hoffnung, dass das Sterben so für alle Beteiligten weniger schmerzhaft wird.

Mich selbst ermutigt das Wissen, meinem Tod

nicht vollkommen ausgeliefert zu sein. Zu wissen, dass es im Sterben auch Selbstbestimmung geben kann. Ob es am Ende so kommt, wie man es sich vorstellt, weiß man nicht. Bei einem Sonnenuntergang am See werde ich sicher nicht sterben. Aber hoffentlich im Beisein von Menschen und in einer Umgebung, die mir ein Gefühl von Geborgenheit schenken. Und mir ein wenig von der Angst vor meinem Tod nehmen können.

Grabsteingedanken
oder
Die eigene Abschiedsfeier planen

Wenig scheint das Bewusstsein für das Leben so zu schärfen wie die Vorstellung des eigenen Abschieds. Allein schon die Frage, was auf dem eigenen Grabstein stehen sollte, falls man sich für einen entscheidet, wirft verschiedene Fragen auf. Sollte er aus Naturstein oder Holz sein, wie ich es auf einem Berliner Friedhof gesehen habe? Und wie könnte die Inschrift lauten: »Sie hatte Spaß«, wie ich das auf einem Grabstein in Nordengland gelesen habe?

Wen beim Grübeln über den eigenen Grabstein ein Anflug von Melancholie überkommt, dem empfehle ich, einen Blick ins Netz zu werfen, in dem sich erstaunlich viele Bilder von Grabsteinen aus Nordamerika tummeln: »Jetzt weiß ich etwas, was Du nicht weißt«, steht auf einem. Auf einem anderen liest man statt des Namens und der Lebensdaten ein Rezept für *Mom's Christmas Cookies*.

Beim Anblick der in Stein gemeißelten Aufforderung »Denk an mich und lächle« muss ich unweigerlich schmunzeln. Und beim Foto des Grabmals des »Gay Vietnam Veteran« auf einem Washingtoner Friedhof schlucken: *»When I was in the Military they gave me a medal for killing two men and a discharge for loving one«* (Als ich beim Militär war, bekam ich eine Medaille für das Töten von zwei Männern und wurde für die Liebe zu einem entlassen), lautet die Inschrift, die der amerikanische Veteran Leonard Matlovich auf seinen Grabstein meißeln ließ. Dieser sollte zum Gedenkstein für viele homosexuelle Veteranen werden, die ähnlich wie er diskriminiert wurden. Ein Beispiel dafür, dass man auch nach seinem Tod mit einem vermeintlich stummen Stein Menschen inspirieren oder trösten kann.

Ohnehin muss erst die Frage geklärt werden, ob man überhaupt mit irgendeinem Gegenstand bedacht werden will. Und ob das mit einer Parkbank, einem Baum, einem Naturstein oder einer Gedenktafel geschehen soll. Sowieso tauchen unzählige Fragen auf, sobald man sich Gedanken um seinen Abschied macht: Will man kremiert werden, oder überlässt man den ganzen Körper der Erde? Will man anonym oder gar nicht begraben werden? Und was ist mit einer Seebestattung?

Vor allem wird die Planung des eigenen Abschieds dadurch erschwert, dass unsere Entscheidungen auch unsere Nächsten betreffen. So denke ich schon lange daran, meinen toten Körper der Medizin zu spenden. Was aber würde meine Familie dazu sagen? Schließlich müsste sie mit dem Gedanken leben, dass meine Überreste zunächst auf einem Seziertisch landen würden, bevor sie in der Erde die letzte Ruhe finden. Dürfen sie etwas dazu sagen? Und überhaupt: Wer hat mehr Recht auf meinen toten Körper, ich oder meine Hinterbliebenen?

Ich habe häufig erlebt, wie tröstlich das Gefühl für die Angehörigen sein kann, die Abschiedsfeier nach den Wünschen der Verstorbenen zu organisieren. Was die Gestaltung der Feier betrifft, so scheinen nirgends die Meinungen so sehr auseinanderzugehen wie bei der Musikwahl. Was macht man, wenn die verstorbene Mutter ein Fan der klassischen Musik war, man selbst aber Trost in einem Heavy-Metal-Song findet? Wie soll man alle Gefühle, die man mit dem Verstorbenen verbindet, in nur drei oder vier Liedern zum Ausdruck bringen? Wie den verschiedenen Lebensabschnitten eines Verstorbenen gerecht werden?

Auch werde ich immer wieder gefragt, wie fröhlich die Musik auf einer Trauerfeier sein darf. Bis heute habe ich noch nie erlebt, dass die gewählte Musik als unwürdig empfunden wurde. Ob Chansons, Rock, Pop oder Jazz. Ob Céline Dion oder Ludwig van Beethoven – alles passt. Oft staune ich, wie die Angehörigen es schaffen, die richtige Musik für ihren Verstorbenen auszusuchen.

Und wenn sie nicht wissen, was gespielt werden soll, gibt es Lieder, die das Thema »Verlust an sich« aufgreifen und es immer wieder schaffen, den Trauergästen eine Träne abzuringen. Wie Andrea Bocellis und Sarah Brightmans *Time To Say Goodbye*, das auch bei mir schon mal für das eine oder andere Tränchen sorgt, das ich dann unauffällig wegzublinzeln versuche.

Während auf der Rückfahrt nach einer Trauerfeier das Radio vor sich hin dudelt, überlege ich, welche Songs ich für meine Abschiedsfeier aussuchen würde. Vielleicht *What's Going On* von Marvin Gaye, zu dem ich oft für meine Kinder getanzt habe, wenn sie abends hungrig oder müde waren? Oder *Take Five* von Dave Brubeck, das mein Vater in London in unserem alten Volvo gespielt hat? Oder doch *Wishing On A Star*, gesungen von Paul Weller, einen Song, den ich mit dem Kennenlernen meines Partners verbinde und damit auch den Beginn meines Lebens als Mutter? Oder sollte man die Chance nutzen, mit der eigenen Musikwahl eine Botschaft zu hinterlassen, etwa mit *Can't Take It With You* von den Allman Brothers?

Die Musik kann das ausdrücken, was wir selbst nicht aussprechen können. Sie kann die Stille nach dem Tod mit Klang und Rhythmus füllen. Gerade das Abschlusslied kann neben dem Ende der Trauerfeier auch den Beginn einer neuen Zeit für die Angehörigen markieren. An einem Morgen, an dem ich als Journalistin an einer Radioreportage bastelte und zu meinem gesprochenen Text Diana Ross' *I'm Coming Out* spielen ließ, hatte ich das Gefühl, als würde ich etwas in dem Lied wiedererkennen: Plötzlich wusste ich, dass ich mir diesen Titel für den Schluss meiner Trauerfeier wünschen werde. Der Gedanke war so stark, dass ich meinem überraschten Studiokollegen zurief: »Wenn ich mal sterbe, wünsche ich mir dieses Lied auf meiner Beerdigung!« Das Lied wünschte ich mir nicht nur, weil es selbst dem traurigsten Gemüt wieder auf die Beine helfen kann. Für mich symbolisiert es eine wesentliche Erfahrung, die ich nach dem Tod meiner Eltern gemacht habe. Nach dem Verlust konnte ich lange keine Musik hören. Keine traurige oder fröhliche, kein Pop, keine Klassik; nichts, das meine Emotionen verstärkte, wie das nur Musik vermag. Aber in dem Moment, als ich

Ross' glasklare Stimme und den treibenden Einsatz des Schlagzeugs hörte, spürte ich, wie etwas in mir erwachte; wie ich, nachdem ich gedacht hatte, nie wieder Musik hören zu können, wieder den Drang verspürte, mitten im Radiostudio aufzustehen und zu tanzen.

Unweigerlich führen die Gedanken über die Musik zu der Frage nach meiner Trauerrede. Sofern überhaupt jemand bei meiner Trauerfeier eine Ansprache halten wird. Welche Worte wird meine Familie für mich finden? Bis heute bleibt mir der souveräne Herr in Erinnerung, der mir am Anfang unseres Gesprächs einen Zettel über den Tisch geschoben hat, auf dem er einige Worte über seine verstorbene Ehefrau notiert hatte. Auf dem Zettel stand »Macherin, bestimmend, zupackend. Anspruchslos. Nicht klagend …« Im Gespräch kehrten wir immer wieder zu jenen Begriffen zurück. Es beeindruckte mich, wie treffend es ihm gelungen war, das Wesen seiner Frau in wenigen Worten festzuhalten.

Was könnten meine Angehörigen über mich notieren? »Macherin« könnte auch bei mir stehen. »Nicht klagend« eher nicht. »Zuverlässig« würde wohl zutreffen; eine Deadline kann ich einhalten. Diszipliniert bin ich, oft zu sehr. Empathisch versuche ich stets zu sein. Eher bin ich anspruchsvoll als anspruchslos; nicht bei materiellen Dingen, aber bei dem, was ich von anderen erwarte. Welche Bilder würde ich in meinen Liebsten hinterlassen? Das von einer Mutter, die zu viel am Schreibtisch saß, um Bücher über Trauer zu schreiben? Oder das von einer, die den Laptop zuklappen und die Arme ausbreiten konnte, wenn ein kleiner Mensch darin Trost suchte?

Jeder von uns sollte zu Lebzeiten einen Nachruf auf sich schreiben, meint Gregor Eisenhauer, der Nachrufe für eine Berliner Tageszeitung verfasst. Das könne uns helfen herauszufinden, wer wir sind und wer wir für andere sein möchten. Wenn Sie sich nun verständlicherweise fragen, warum man sich so einer Übung unterziehen sollte, kann ich Ihnen nur sagen: Als Trauerrednerin schreibe ich viele Reden, aber die eigene Rede zu schreiben ist mir mehr als schwergefallen. Das heißt, je mehr ich in der Rede über mich erzählte, desto häufiger geriet ich ins Stocken. Weil ich merkte, dass das Bild, das meine Nächsten von mir haben, nicht mit dem übereinstimmt, wie ich immer sein wollte. Weil es mich daran erinnerte, welche Träume sich nicht erfüllt haben und was ich meinen Liebsten mitgeben wollte, aber noch nicht getan habe. Und das ist genau das Schwere und das Schöne an dieser Übung und der Grund, warum ich sie empfehlen kann: Die Erkenntnisse, die man durch den Blick auf das eigene Leben gewinnt, können hilfreich sein. Sie können zum Nachdenken anregen.

Darüber, wie man leben will, damit man am Ende mit einer gewissen Zufriedenheit zurückschauen kann; zwar mit Reue, weil einige Lebenspläne sich nicht verwirklicht haben, aber vor allem mit Dankbarkeit für das Erlebte und der Gewissheit, dass man versucht hat, so gut wie möglich nach seinem Herzen zu leben. Auch wenn man nicht unmittelbar vor seinem Lebensende steht, kann die Frage, was man tun würde, wenn das Leben morgen vorbei wäre, eine ernüchternde, aber auch erleuchtende Übung sein: vor allem, wenn einem bewusst wird, was einem die Menschen, mit denen man täglich zu tun hat, bedeuten. Und was man ihnen schon immer sagen wollte.

Unendliche Sekunden
oder
Die Angst bleibt

Barbara war nach außen hin ein lebenslustiger Mensch. Auch wenn immer eine Zurückhaltung bei ihr spürbar war. Ich lernte sie in einem kleinen Trauerbegleitungskurs kennen, den ich geleitet habe. Der überraschende Tod ihres Mannes hatte sie erschüttert. Er war drei Wochen nach einem Sturz im Urlaub gestorben. Sie sagte, sie fühle sich alleingelassen. Nach den ersten Treffen erschien Barbara nicht, weil sie, wie sie mir am Telefon sagte, stark erkältet sei. Einige Monate später bekomme ich eine E-Mail mit den Informationen zu meinem nächsten Trauerfall. Als ich Barbaras Namen lese, sinkt etwas in mir. Ich erfahre, dass sie in Wirklichkeit an Lungenkrebs erkrankt war. Als die Krankheit diagnostiziert wurde, hatte sie sich bereits im ganzen Körper ausgebreitet. Diese Frau, die jedem im Kurs einen besonderen Stift mitgebracht und gern gelacht hat, musste an ihrem

Lebensende einen beschwerlichen und schmerzhaften Weg gehen. Wenn ich folgende Zeilen von Christian Morgenstern lese, mit denen ich ihre Trauerfeier eröffnet habe, muss ich bis heute an sie und ihren Mann denken:

Es ist Nacht,
und mein Herz kommt zu dir,
hält's nicht aus,
hält's nicht aus mehr bei mir.

Legt sich dir auf die Brust,
wie ein Stein,
sinkt hinein,
zu dem deinen hinein.

Dort erst,
dort erst kommt es zur Ruh,
liegt am Grund
seines ewigen Du.

Die Rede für Barbara schreibe ich einen Monat nachdem ich die Rede für eine andere Barbara verfasst habe. Auch sie lernte ich persönlich kennen, beim Trauergespräch für ihren Mann, der nur drei Monate vor ihr gestorben war. Bis heute sehe ich sie vor mir: eine kleine Frau mit wachem Blick, die bei der Trauerfeier ihres Mannes in der vordersten Reihe saß. Es sind die ersten Reden, die ich für Menschen schreibe, die ich, wenn auch nicht eng, zu deren Lebzeiten kennengelernt habe. Möglicherweise liegt es an den Erinnerungen, die ich von ihnen habe, oder an unserem Austausch, aber erstmals merke ich, wie der Verlust der anderen anfängt, mich herunterzuziehen. Wie meine innere Mauer, mit der ich anfangs die Angst und den Schmerz der Trauernden von mir fernhalten konnte, zu bröckeln beginnt.

Es ist merkwürdig: Erst die Erfahrung mit dem Tod meiner Eltern hat mir die Kraft geschenkt, die Trauer von anderen anzunehmen und auszuhalten. Gleichzeitig setzt sich mit jeder Sterbensgeschichte etwas in mir fest; eine kalte Angst, die nun klamm in mir liegt. Es ist die Angst vor dem nächsten eigenen Verlust. Wie ein Dauerton brummt sie tief in mir. Ich werde innerlich unruhiger; ungeduldiger mit mir, aber auch mit anderen, wenn sie oder ich den Alltag nicht zu schätzen wissen. Wenn sie ihre Zeit nicht sinnvoll nutzen und – als wüsste ich es besser – sich über Kleinigkeiten wie ein einzelnes graues Haar aufregen.

Mit der Zeit erkenne ich, dass nicht der Tod an sich mich erschreckt, sondern die Hilflosigkeit, die so oft mit ihm einherzugehen scheint.

Viele Angehörige erinnern sich genau an die letzten Tage ihrer Liebsten. Häufig spielen die Szenen, die in ihren Gedanken verankert sind, in einem Krankenhaus oder Pflegeheim. Ihre Bilder und Erinnerungen sind einmalig, und gleichzeitig würden viele von uns diese Eindrücke wiedererkennen: ein geliebter Mensch in einem Krankenhausbett. Ein Krankenhausflur, der mit seinen vielen Türen an ein Gefängnis erinnert. Die stille Welt vor einem Krankenhausfenster. Oder der Klang schneller Schritte auf dem Linoleum. Sekunden, die sich wie Stunden anfühlen können. Das Warten darauf, dass ein Liebster aufwacht, blinzelt, noch ein Wort sagt oder ein letztes Mal atmet. Die Enge, die Angst und die plötzliche Leere, die sich in einem auftut, wenn ein Mensch, an dessen Bettrand man gewacht hat, unsere Welt schließlich verlassen hat.

Die Eindrücke der Angehörigen berühren mich mehr, als ich es zugeben möchte. Manchmal erinnern sie mich an die eigenen Bilder: die zu dünnen Arme meiner Mutter, die ihre Hände doppelt so groß erscheinen ließen; den nackten Rücken meines Vaters unter seinem schlechtsitzenden Krankenhaushemd. Bilder, die mich nun häufiger begleiten, wenn ich nach einer Beerdigung, auf der ich gesprochen habe, nach Hause fahre.

Vor allem eine Frage will mir nicht aus dem

Kopf: warum wir uns an unserem Lebensende oft so quälen müssen. Warum der Tod mit so viel Leid verbunden sein muss. Warum ich so selten in den Trauergesprächen höre: Sie schlief im hohen Alter friedlich und ohne Qualen in ihrem eigenen Bett ein. Möglicherweise lautet eine Erklärung für unser oftmals leidvolles Sterben: dass wir zu viel rauchen, trinken oder arbeiten; zu träge leben oder zu getrieben sind. Vielleicht liegt es daran, dass wir zu oft versuchen, ein Leben, das nicht mehr lebenswert ist, immer weiter zu verlängern. Und oft gibt es gar keine Erklärung, warum etwa eine überzeugte Nichtraucherin wie meine Mutter an einer Krankheit wie Lungenkrebs sterben musste. Oder warum der Vater zweier Teenager bereits mit Anfang fünfzig an einer Krebserkrankung sterben musste.

Das kann mitunter das Schwerste an der Trauer sein: keine Antworten auf die vielen Fragen zu bekommen, die einen gerade nach dem beschwerlichen oder unerwarteten Tod einer geliebten Person belasten. Zu sehen, dass es nichts und niemanden gibt, dem man sein Unverständnis und seine Wut entgegenschleudern kann. Zu akzeptieren, dass die Frage nach dem Warum nie beantwortet werden wird. Ich wünschte, ich hätte den beiden Teenagern eine Antwort geben können auf die Fragen, die in ihren Augen brannten. Ich wünschte, ich hätte ihnen etwas anderes sagen können als das, was ich selbst nicht gern höre, aber in diesen Jahren verstanden habe: dass der Tod keine Gerechtigkeit kennt. Und die einzige Konstante die ist, dass sich alles verändert. Dass es keine Anleitung für das Menschsein gibt. Und der Schmerz des Verlusts der Preis ist, den wir für das Privileg bezahlen, auf dieser Erde leben und lieben zu können. Dass es sich immer wieder ungerecht und sinnlos anfühlen wird, wenn ein Mensch stirbt. Und die scheinbar einzige und gleichzeitig undenkbarste Antwort auf den Kummer das Loslassen, die Akzeptanz und die Dankbarkeit sind. Das Loslassen des Gefühls, für alles eine Antwort zu brauchen. Die Akzeptanz, dass es nicht für alles im Leben eine Erklärung gibt. Und die Dankbarkeit für die Zeit, die wir mit unseren Liebsten erleben durften. Nur: Wie lässt man los, wenn das Leid nach dem Verlust gefühlt das Einzige zu sein scheint, was einem bleibt? Wie akzeptiert man einen qualvollen, einen unerwarteten, einen zu frühen Tod? Wie schafft man es, dankbar zu sein, wenn man sich nie zuvor so allein und wütend gefühlt hat?

Ich weiß bis heute nicht, wie das geht. Ich weiß nur, dass ich an manchen Tagen als Trauerrednerin am Pult stehe und sich die Ohnmacht und Verzweiflung der Hinterbliebenen vor mir wie eine undurchdringbare Wand anfühlen. Aber dann höre ich die Worte, die aus meinem Mund kommen; ich höre, woran sich die Hinterbliebenen erinnert haben und was dieser Mensch für sie bedeutet hat; ich höre, wie die leblosen Sätze auf meinem Papier beim Aussprechen lebendig zu werden scheinen und wie sich die einzelnen Erzählfäden verbinden. Wie aus einzelnen Bildern und Erinnerungen eine Geschichte wird, die die Gäste in ihrer jeweiligen Trauer verbindet. Wie aus vielen einzelnen Trauernden eine Trauergemeinschaft wird. Vor allem spüre ich, wie durch dieses Aussprechen der geteilten Erinnerungen jene anfängliche Anspannung nachzulassen beginnt und eine Wärme, die aus der Dankbarkeit entsteht, den Raum erfüllt. Ich sehe auch, was von dem Verstorbenen zurückbleibt: wie diese Wärme in den Herzen der Anwesenden ein kleines Licht zu entzünden vermag, das auch noch in ihnen leuchtet, wenn sie die Kapelle verlassen.

Dieses Licht kann aus so vielem bestehen:

Aus Nähe:
Sie war bestimmend und ordnungsliebend. Konsequent, wenn es um die Hausaufgaben der Kinder ging. Aber sonntagmorgens war Kuscheln mit den Kindern im Bett Pflicht.

Aus Großzügigkeit:
Die Arbeit in der Werft an den großen Schiffen war sein Traum. Die Kinder nahm er mit in den Hafen zu den Schiffstaufen, damit sie die großen Schiffe sehen konnten. Wenn er abends nach Hause kam, hatte er zufällig Brote übrig. Auf diese »Hasenbrote« haben sich die Kinder immer gefreut.

Aus Kreativität:
Hildegard war siebzehn, als die Familie fliehen musste. Alles Vertraute war weg. Und dann der Koffer, vom Bruder vergessen am Bahnhof. Aus einem karierten Bettbezug nähte sie sich ein Kleid. In der neuen Heimat ging sie zum Nähen in fremde Haushalte, obwohl sie das Nähen nie gelernt hatte.

Aus Freundschaft:
Inge und Lilo teilten sich über zwanzig Jahre den Kleingarten. Lilo war für die Blumen zuständig, Inge für das Obst und das Gemüse. Nach dem Essen saßen sie unter dem Apfelbaum. Inge las für eine Stunde in ihrem Buch; Lilo hielt es keine fünf Minuten auf der Liege aus. Als Lilo starb, war es im Garten einfach nicht mehr dasselbe. »Es war genug, wenn sie da war«, sagte ihre langjährige Lebensbegleiterin.

Aus Lebendigkeit:

Sabine hörte gern Herbert Grönemeyer. Sie feierte jedes Jahr den 21. Dezember, wenn die Tage länger wurden. Sie verbrachte ihren Geburtstag am liebsten mit vielen Freunden. Sie konnte nicht stillsitzen. Sie war ein lebensfroher und fröhlicher Mensch. Impulsiv, warmherzig, hilfsbereit. Die Chemotherapien waren anstrengend. Immer wenn es Rückschläge gab, dachte sie: Wozu ist das gut? Sie glaubte, irgendeinen Sinn werde es haben, dass man leidet. Die Geburt ihrer Enkelin gab ihr nochmals Kraft. Sie sagte: »Ich will es schaffen.« Sie wollte mit ihrer Familie noch nach Dänemark. Einen Monat vor der Reise starb sie. Ihr Mann sagte, er werde vor allem ihre Lebendigkeit vermissen. Am Anfang ihrer Abschiedsfeier sang Herbert Grönemeyer: »Es war ein Stück vom Himmel, dass es dich gibt.«

Dieses einzigartige Licht besteht weniger aus dem, was wir getan oder erreicht haben, als aus dem, wer wir sind. Die Essenz in uns, unser ganz eigenes Lebenslicht, das auch dann bleibt, wenn wir alt, gebrechlich und vergesslich werden. Vielleicht erinnern Sie sich an einen lieben Menschen, der schwer erkrankt oder gestorben ist. Vielleicht sehen Sie sein Gesicht vor sich, von Krankheit oder

Alter gezeichnet. Und möglicherweise sehen Sie trotz der Spuren der Krankheit das Leuchten in seinen Augen, das ein Gesicht trotz Alter oder Verlust erhellt.

Möglicherweise ist das eine Antwort auf die Frage, wie ich lernen kann, mit meiner Vergänglichkeit zu leben. Wie wir alle lernen können, mit ihr zu leben. Mit der Einsicht, dass das Älterwerden eine Chance sein kann zu erkennen, dass ich ohne die Rüstung meiner Jugendlichkeit liebenswert bin. Dass ich ohne meinen Schutzschild aus Disziplin einzigartig bin. Diese Erkenntnis war für mich einschneidend und tröstlich: dass mein Wert nicht von meinem Aussehen oder meiner Leistung abhängt, sondern etwas ist, das tief in mir steckt; etwas Eigenes, das ich nicht ständig optimieren muss. Ich bin ein Mensch mit Hoffnungen und Träumen und, wie alle anderen auch, mit Fehlern. Vielleicht kann ich lernen, großzügiger und mitfühlender mit mir selbst zu sein und damit auch mit meinen Mitmenschen. Denn wir alle kennen die Einsamkeit, die Verlust und Vergänglichkeit mit sich bringen. Die Geschichte, die von mir bleibt, ist noch nicht zu Ende geschrieben.

3. TEIL

Die Endlichkeit annehmen

Ein Dauergast zieht ein
oder
Bewegung kehrt ins Leben zurück

Meine Familie und ich bekommen einen neuen Mitbewohner. Einen Dauergast, zumindest fühlt es sich anfangs so an. Er legt sich vornehmlich dorthin, wo man über ihn stolpert. Wenn er zum Gartenzaun rennt, dann bebt der Boden, als würde die Kavallerie über den Rasen donnern. Er frisst ungefragt das letzte Stück Lachs auf, das ich in der Küche für meinen Sohn bereitgelegt habe. Überhaupt verschwinden, seit er bei uns ist, allerhand Lebensmittel, die man kurz unbeaufsichtigt lässt, um dem Postboten die Tür zu öffnen.

Unser neuer Mitbewohner ist ein blonder Labrador, der von seiner ursprünglichen Besitzerin nicht mehr betreut werden kann. Mit Tränen in den Augen gibt sie ihn bei uns ab. Trotz des Rasens, der jetzt mehr einer Pferderennbahn als einem grünen Teppich ähnelt, bin ich überzeugt, dass unsere Entscheidung, den Hund aufzunehmen, richtig war. Er braucht Menschen, die sich um ihn kümmern. Er wird unserer Familie Freude bringen und mir hoffentlich wieder etwas mehr Ruhe. Schon als Kind träumte ich davon, einen Hund zu haben. Den versprachen mir meine Eltern, als wir nach Norddeutschland zogen. Im Trubel des Umzugs vergaßen sie allerdings schnell ihr Versprechen. Lange stellte ich mir einen imaginären Hund an meiner Seite vor, mit dem ich souverän durch die Straßen spazierte.

Souverän sieht vermutlich anders aus als meine gebeugte Gestalt, die mit dem Labrador durch den Regen stapft, von dem es in dieser Stadt zu viel zu geben scheint. Auch andere weniger idyllische Momente lassen mich unsere Entscheidung, den Hund aufzunehmen, hinterfragen: als ich etwa erkennen muss, dass sich selbst die entspanntesten Hunde an der Leine in hysterische Wesen verwandeln können. Oder ich ihn in den ersten Nächten mehrmals in sein Körbchen zurückführen muss, nachdem er heimlich die Treppe hochgetapert ist, um sich in unser Bett zu schmuggeln.

Wenn ich ihn beobachte, wie er mir morgens in mein Arbeitszimmer folgt, um sich neben meinem Stuhl zusammenzurollen, dann zieht sich mein Herz zusammen. Vielleicht, weil der Hund mich daran erinnert, was ich im Leben niemals sein kann oder werde: weil er mich nach dem Einkaufen mit einer Freude empfängt, die wir von anderen Menschen und vor allem von uns selbst nie erwarten könnten. Weil er mich mit einer Bedingungslosigkeit liebt, zu der ich niemals fähig sein werde. Weil er nicht die Intelligenz eines Lassie besitzt, aber die wichtigen Dinge des Lebens, die ich selbst vergessen habe, zu genießen weiß; unbekümmert über eine Wiese zu tollen oder zu kuscheln, auch wenn vermeintlich wichtigere Dinge anstehen. Weil ich mit ihm mehr Zeit verbringe als mit manch anderem Familienmitglied und er mich auf seine störrische Art dazu bringt, eine tiefere Zuneigung zu ihm zu entwickeln, als ich es geplant hatte. Eine Zuneigung, die mir, wie ich nach dem Tod meiner Eltern weiß, Schmerz zufügen wird, wenn sein Körbchen eines Tages leer sein wird. Doch auch wenn ich mich vor einem weiteren Verlust fürchte, schaffe ich es nicht, mich gegen seinen Charme zu wehren. Schon nach wenigen Monaten beginne ich, mich im Auto nach einer Trauerfeier darauf zu freuen: zu Hause die polierten Schuhe gegen die schmutzigen Gummistiefel auszutauschen und in einvernehmlichem Schweigen mit dem Hund in Richtung Park zu trotten.

Als Trauerrednerin verbringt man viele Stunden an der frischen Luft auf dem Friedhof. Dort jedoch fehlt die Muße eines Spaziergangs: Wenn ich mit dem Bestatter die Trauergemeinde zur Grabstelle begleite, dann erfüllt jeder von uns seine Aufgabe mit größtmöglicher Konzentration. Wir beide spielen unsere Rolle. Mit dem Hund jedoch muss ich nichts spielen. Ich muss mich auf unseren Runden nicht konzentrieren. Ich muss nicht wie vor einer Trauerprozession im Schritttempo gehen. Ich kann große und kleine, schnelle und langsame Schritte machen. Ich muss nicht besonders stark, nicht selbstsicher, nicht gefasst sein. Mit dem Hund unterwegs darf ich einfach ich selbst sein; solange ich genug Leckerlis in der Tasche habe.

Während wir gemeinsam und doch jeder für sich gehen – der Hund mit seiner gleichgültigen Akzeptanz an meiner Seite –, setzt bei mir mit der Stetigkeit unserer Schritte eine neue Leichtigkeit ein. Eine Leichtigkeit, wie ich sie neben der inneren Schwere, die ich schon so lange mit mir herumtrage, lange nicht mehr gespürt habe.

Im Waldstück neben dem Park ist es nicht still, aber stiller als auf den Straßen. Der Empfang ist mäßig, das Mobiltelefon empfängt hier selten Anrufe. Dafür funktioniert die Kommunikation unter den Hundebesitzern, die den Small Talk, wie ich ihn von meinen britischen Landsleuten kenne, bestens beherrschen.

An einem Morgen begegne ich einer älteren Dame, die stets mit zwei kleinen Hunden unterwegs war und nun nur von einem begleitet wird. Mit fester Stimme erzählt die Dame, dass sie ihre sterbende Hündin in den Tod gestreichelt habe; dass ihr Sterben auf eine ganz besondere Art »schön« war. Über tierische Verluste sprechen die Menschen scheinbar offener als über ihre menschlichen, auch wenn ein Tier ihnen ebenso viel bedeuten kann wie eine Person. Es ist nicht das letzte Mal, dass ich höre, wie souverän ein Tier in seinen Tod geht. Und wie sehr der Tod eines Tieres einen Menschen berührt. Meistens sind es die Menschen, die sich von einem Tier verabschieden müssen, das sie einen Lebensabschnitt lang begleitet hat. Manchmal jedoch sind es die Tiere, die erleben müssen, wie ihre Besitzer aus der Haustür getragen werden und nicht zurückkehren. Wie der Collie, der unter dem Stuhl seiner verstorbenen Besitzerin hockte, als ich mit dem Ehemann im Trauergespräch saß. Oder der Jagdhund, der vor der Trauerfeier seines Besitzers verwirrt an dessen Sarg geschnüffelt hat. Auch die Katze habe ich nicht vergessen, die alles tat, um das Trauergespräch zu sabotieren: sie wickelte sich in die bodenlangen Gardinen, um dann auf den Tisch zu springen.

Die kurzen Gespräche oder das anerkennende

Nicken der anderen Hundebesitzer sind für mich an trüben Tagen ein Lichtblick in dieser sonst so reservierten Stadt. Dennoch lassen wir die bei Hundebesitzern beliebte Wiese meistens hinter uns, um dem Sandweg ins Tal zu folgen, wo die Tannen in den Himmel ragen wie die Deckenpfeiler einer Kathedrale. Den kleinen Hügel, den ich mich hochschleppe, sprintet der Hund immer hoch, als wollte er mit den Joggern konkurrieren, die uns in ihren zu engen Lycra-Hosen überholen.

Beim Anblick der Jogger muss ich daran denken, wie ich selbst früher täglich gelaufen bin oder laufen musste, um meiner inneren Unruhe zu entkommen. Im Erwachsenenalter scheinen viele von uns damit beschäftigt zu sein, ihre Ängste zu verdrängen. Auch unsere Trauer lernen wir zu verbergen, wie es von uns erwartet wird. Die dann schwer in uns liegt und unsere Gedanken trüber macht, als gut ist. Leider gibt es keine Formel dafür, wie wir uns von den Gedanken, die unseren Alltag überschatten, befreien können. Aber irgendwann müssen wir Raum schaffen für leichtere Gedanken. Um aus dem inneren Stillstand wieder in Bewegung zu kommen.

Tägliche Runden
oder
Ein Gefühl von Leichtigkeit

Bei mir braucht das seine Zeit; etwa ein Jahr nachdem der Hund bei uns eingezogen ist, beginnt sich etwas in mir zu lösen. Vielleicht ist es das tägliche Spazierengehen, bei dem die festgefahrenen Gedanken sich von selbst zu bewegen beginnen. Vielleicht ist es der Blick in den Himmel statt immer nur auf den Bildschirm, was meinem Denken Raum verschafft und bewirkt, dass jene zaghafte Leichtigkeit, die sich auf den ersten Runden mit dem Hund bemerkbar machte, mich nun häufiger begleitet und etwas in mir öffnet, das lange verschlossen war.

Vielleicht liegt es auch einfach an der Natur, die anfangs wie eine Filmkulisse an mir vorbeizuziehen schien und in die ich mit jedem Spaziergang tiefer eintauche: Die Konturen der Bäume und Blätter scheinen immer schärfer zu werden. Die Farben im Park und im Wald leuchtender. Täglich überrascht mich die Natur mit neuen kleinen Wundern: In den braunen und grauen Flächen am Wegesrand scheinen plötzlich grüne Flecken aufzutauchen, als hätte jemand sie heimlich über Nacht da hingepinselt. Das Moos auf den Baumstämmen schimmert auf einmal wie grüner Samt. Die Buche an der Kreuzung im Wald, bei der ich schon unzählige Male vorbeigekommen bin, sieht mit ihren eckigen Ästen aus, als würde sie breakdancen.

Der Geruch der Fichten, dicht und herb, erinnert mich an die Wälder rund um unser Haus in Norddeutschland. Mit diesem Duft scheine ich auch etwas anderes einzuatmen: eine Erinnerung an eine Verbundenheit mit meiner Umwelt, wie ich sie lange vermisst habe. Von der ich als Kind eine Ahnung bekam, als ich die beste Freundin bei ihren Reitstunden begleiten durfte. Auf dem Rücken des Pferdes, in der flachen, weiten Landschaft jenseits von Londons Stadtgrenzen überkam mich das seltene Gefühl, als würde ich dort hingehören. Eine Verbundenheit, die ich als Teenager in Deutschland wieder spürte, wenn ich mich selbst nicht mehr verstand, aber das Knacken der gefrorenen Zweige unter meinen Stiefeln an dem vereisten Waldsee unweit von unserem Haus zu mir zu sprechen schien.

Nun ist es wieder, als würde die Natur zu mir

sprechen. Die Welt hat mich nicht ausgeschlossen, so wie es sich lange angefühlt hat. Die Natur hält ihre Schönheit nicht vor mir versteckt, so wie ich das als Trauernde zeitweise empfunden habe. In ihrer schönen Gleichgültigkeit empfinde ich eine Entspannung, wie ich sie lange nicht gespürt habe: eine Entlastung sowohl von der eigenen Trauer als auch von der jener Familien, denen ich als Trauerrednerin begegnet bin. Die bei mir offenbar mehr Spuren hinterlassen hat, als ich es zugeben möchte.

Die Natur nimmt mich, wie ich bin, mit allem, was in mir steckt; mit all der Hoffnung und Freude, aber auch mit der Wut und dem Schmerz. Sie nimmt mich auf, aber sie braucht mich nicht. Und während sich etwas in mir löst, wird etwas anderes in mir wieder fester. Als wäre durch die Trauer etwas in mir in einzelne Fragmente zersplittert, die sich mit der Zeit wieder neu zusammenfügen. Wenn der Hund und ich durch den Wald gehen, dann ist es, als würde um uns eine unsichtbare Uhr ticken, zu der mein Herz im gleichen Rhythmus schlägt.

Ich kann natürlich nicht genau sagen, ob es das Eintauchen in die Natur war, wodurch ich die Vergänglichkeit besser zu ertragen lernte. Oder ob es einfach die Zeit war, die dafür sorgte, dass meine dunklen Gedanken und die Grübeleien über das, was mit und nach dem Tod der Eltern geschehen war, nachließen.

Das Grübeln gehört wohl zur Trauer dazu. Man muss die Geschehnisse überdenken, um sich ihnen annähern zu können. Aber wenn man wie ich in seinen Grübeleien verharrt; wenn der Verlust eines lieben Menschen dazu führt, dass man zu sehr im eigenen Kopf lebt, dann kann die Natur zumindest unsere Aufmerksamkeit nach außen richten und uns helfen, wieder weiterzugehen. Denn das habe ich verstanden: Man kann die Trauer nicht umgehen, man kann nur mit ihr oder durch sie hindurchgehen.

Wir sind nicht allein
oder
Die heilende Kraft der Natur

Mit der Zeit kreisen die Gedanken auf unseren Runden weniger um mich und das tägliche Naturschauspiel. Ich denke mehr an die Verstorbenen und deren Verbundenheit zur Natur. An manchen Tagen tauchen in meinem Kopf Fragmente von Gedichten auf, mit denen ich eine Rede eingeleitet habe oder die mir halfen, bei einer Abschiedsfeier das zu sagen, wofür ich selbst nicht die passenden Worte fand.

Viele der Gedichte zeichnen Bilder, denen ich nun auf meinen Spaziergängen begegne. Wenn im Herbst die Blätter sanft von den Bäumen fallen, berührt es mich, wie es möglicherweise Rainer Maria Rilke berührt hat, als er schrieb: »Die Blätter fallen, fallen wie von weit, als welkten in den Himmeln ferne Gärten«.

Am Ende des Sommers, als die Vögel über uns in Richtung Süden ziehen, denke ich an das Gedicht *Wild Geese* von Mary Oliver, das von ihrer und auch meiner Verzweiflung zu erzählen scheint; aber auch von der Hoffnung, die aufkommt, während die wilden Gänse in der klaren, blauen Luft wieder heimwärts ziehen.

Das Bild der Vögel erinnert mich an eine Passage aus der Geschichte von Ernest Hemingway, in der er von einem alten Fischer erzählt, der auf offener See in seinem kleinen Boot sitzt: »Die Wolken türmten sich jetzt unter dem eindringenden Passatwind, und er blickte geradeaus und sah eine Schar von Wildenten, die sich über dem Wasser gegen den Himmel abzeichneten, und er wusste, dass man auf See niemals allein war.« Seine Zeilen erinnern mich daran, dass wir Menschen, egal wie verlassen wir uns fühlen, in der Natur nie wirklich allein sind.

Über die Jahre hinweg habe ich viele Reden für Menschen geschrieben, die die Nähe der Natur gesucht haben. Die in ihrer rauen oder geordneten Lebendigkeit Trost, Ablenkung oder Heimat gefunden haben. In vielen Trauergesprächen taucht die Natur als eine Kulisse auf, vor der sich so manches Leben mit all seinen Höhen und Tiefen abgespielt hat. An gewissen Naturschauplätzen lassen sich ganze Lebensgeschichten verorten. Ein Fluss oder ein Park, in dem sich zwei Menschen ineinander verliebt haben, während sie unter den Bäumen herumschlenderten. In dem sich die beiden später mit ihrer Großfamilie zum Grillen auf dem Rasen versammelt haben. In dem der eine von ihnen als alter Mann von seinen Enkelkindern im Rollstuhl herumgeschoben wird, während er ihnen von der verstorbenen Großmutter erzählt.

Manchmal spielen die Erinnerungen an Momente in der Natur im Urlaub, in dem die Menschen eher zu denen werden, die sie in ihrem Alltag nicht sein können: So manches erwachsene Kind erinnert sich im Trauergespräch daran, wie wenig Zeit der Vater für sie im Berufsalltag hatte, dass er in den Ferien aber immer bereit war, mit ihnen in die Wellen zu springen. Oft erzählen die Lebensgeschichten der Verstorbenen von einer Naturliebe, für die man gar nicht reisen muss: Als Rednerin in einer Großstadt lerne ich viele Menschen kennen, in deren Leben der Schrebergarten Dreh- und Angelpunkt war. Der offenbar so viel mehr als nur ein Garten sein kann; ein Urlaubsort, eine Oase der Ruhe und für viele, oft über Jahre, vor allem ein Ort des Zusammenkommens.

Wie der Garten von Inge und Lilo, den die beiden Freundinnen, als die Kinder groß waren, zwanzig Jahre zusammen pflegten und genossen. Gleich zu Beginn des Trauergesprächs mit Lieselottes Töchtern zeigten sie mir ein Bild von ihrer Mutter, lachend im Garten. Vorne im Bild stand ihr kleiner Enkel. Als Lieselotte stirbt, schreibe ich in ihrer Rede: »In diesem Garten kamen viele Dinge zusammen, die Lilo mochte oder die sie ausmachten: das Kochen, die Nähe, die Bewegung, das Vertraute, die Familie.«

Auch wenn wir mit der Natur oft nicht so sorgsam umgehen, sie nutzen, stutzen und formen wie die Beete in unseren Gärten und sie so an unser Leben anpassen, anstatt uns ihrer wilden Schönheit zu ergeben, bleibt auch dies, wenn wir sterben: unsere Naturverbundenheit. Eine tiefe Verbundenheit mit einer Natur, die nichts von uns verlangt, wie es sonst in unserem Alltag oftmals der Fall ist. In der wir eine innere Stille finden, wenn die Unruhe in uns zu laut zu werden droht. Die uns mit ihren Wundern, die sie täglich zu bieten hat, Ablenkung und Leichtigkeit schenkt.

Wie stark wir uns zur Natur hingezogen fühlen, ist mir in diesen Jahren als Trauerrednerin deutlich geworden: Wie zufrieden die wenigen Blumentöpfe auf dem Balkon einen Menschen machen können; wie viel Selbstbestimmung wenige Quadratmeter Rasen einem Schwerkranken, der mit letzter Kraft die heruntergefallenen Blätter zusammenfegt, geben können; wie viel Hoffnung ein Blick auf das Flussufer einem verzweifelten Menschen schenken kann. Wie viel Lebensfreude das alltäglichste Naturschauspiel uns geben kann. Dabei muss ich an meine englische Großmutter denken, die in ihrer Sozialwohnung weder Balkon noch Rasen hatte und es darum umso mehr genoss, wenn sie uns in unserem Haus in London besuchte und nach jedem Sandwich mit feingeschnippelter Brotkruste und Käserinde nach draußen trippelte, um sie auf unserem Rasen für ihre geliebten *dickie-birds*, die Amseln und Spatzen, zu verteilen.

Auch vergesse ich nie die Trauerrede für eine Dame, die täglich alle Tiere auf dem heimischen Hof gefüttert hat: die Hühner und Kaninchen und zum Abschluss die Mäuse, vor deren Löchern sie stets einige Brotkrümel verteilte. Nicht jeder mag ihre Zuneigung zu Mäusen teilen, für mich aber sagt dieses Bild viel über das große Herz dieser Frau.

Eine andere Lebensgeschichte, an die ich mich gerne erinnere, ist die Geschichte von Kuddel. Als Kleinbauer stand er mit achtzig Jahren noch an dem eigenen Wochenmarktstand. Für ihn bedeutete das Leben auf dem Land mehr als das in der Wohnung. Für ihn war die Natur weniger ein Hobby als das Leben. Bis zum letzten Tag lebte Kuddel zu Hause und er starb in der ersten Nacht im Krankenhaus. Im Jahr vor seinem Tod war er mit seinem Traktor auf sein Stück Land gefahren, um seine Kartoffeln in die Erde zu bringen. Er war aber zu schwach, um sie zu ernten.

Was bleibt – Naturverbundenheit

Karl-Heinz – Kuddel – wurde 1934 in Wedel, Schleswig-Holstein, geboren. Seine Eltern waren Landwirte. In seiner Jugendzeit hatte die Familie einen Viehbetrieb. Kuddel hatte drei Geschwister, er war der Älteste. Die Kinder mussten früh mit anpacken. Er übernahm mit Ende zwanzig den Hof. Möglicherweise hatte Kuddel andere Träume. Er hatte sich bereits ein Visum für die Ausreise nach Kanada besorgt.

Als Vater ließ er einen alles machen, sagte sein Sohn. Zum Beispiel in der Scheune Schlagzeug spielen. Mit Nähe hatte er es nicht so, dafür war der Alltag geregelt. Er war kein Mann der großen Worten aber auf seine Weise präsent. Er baute den Stall für das Pferd seiner Tochter und hielt die Weide instand. Er half, die Äpfel zu pflücken und an die Pferde zu verfüttern, bis ein Jahr vor seinem Tod.

Kuddel stand sein Leben lang auf dem Markt. Er hat aber nicht nur gearbeitet. Er ging auch gerne aus. Er war ein guter Tänzer, zumindest nach seiner Einschätzung. Sonntags zog er seinen Anzug und die guten Schuhe an und brauste in seinem alten Mercedes mit Zigarette im Mundwinkel davon.

Sein Hobby waren die Tauben. Schon als Kind hatte er heimlich einen Taubenschlag unter dem Dach installiert. Noch mit achtzig hat er an seinem Traktor herumgeschraubt. Bis zuletzt reparierte und flickte er alles. Internet oder ein Mobiltelefon besaß er nicht. Seine Wohnung war nicht wichtig für ihn. Sie war ein Ort, an dem er aß und schlief. Dafür hatte das Land großen Wert für ihn. Er musste immer draußen sein.

Er war gerne für sich und wollte seine Kinder nicht belasten. Und man durfte ihn in Ruhe lassen. Er konnte bis zuletzt klar denken und hatte keine Schmerzen. Am Ende schlief er viel. Er kümmerte sich bis zu seinem Tod um die Vögel in ihrem Taubenschlag.

Er wusste, dass er viel Glück gehabt hatte. Besonders zufrieden war er immer dann gewesen, wenn er sich auf seinen Traktor geschwungen, den Anhänger montiert und die Mütze aufgesetzt hat, um auf sein Land zu fahren.

Ein langes Tal
oder
Der Kreislauf der Trauer

Immer wenn ich Kuddel vor mir sehe, muss ich daran denken, wie sich ein Leben innerhalb von wenigen Jahreszeiten komplett verändern oder auch zu Ende gehen kann. Oft erscheint es uns, als würde das Leben nur geradlinig verlaufen, wie ein Pfeil von der Vergangenheit in die Gegenwart zur Zukunft. Aber gerade die Natur und die Jahreszeiten erinnern uns daran, dass das Leben auch in Kreisen verläuft.

Nie scheinen wir diese Kreise so zu spüren, wie wenn wir trauern. Gerade in den ersten Jahren nach einem Verlust, wenn jede neue Jahreszeit und jeder Jahrestag wie eine nächste Hürde, die es zu überwinden gilt, vor uns stehen. Aber auch ohne Jahrestage drehen wir mit der Trauer unsere Kreise. Eine Trauer, die sich in unterschiedlichster Form bemerkbar machen kann, ob als dumpfe, innere Schwere oder als andauernde Unruhe. Die oft dann wieder auftaucht, wenn wir glauben, diese Zeiten hinter uns gelassen zu haben.

In der Trauerliteratur kann man viel über die verschiedenen Phasen lesen, die die Trauer angeblich durchlaufen soll. Auch wenn diese nicht als fixe Linie oder feste Regel beschrieben werden, suggerieren solche Modelle für mich, dass die Trauer etwas ist, was in aufeinanderfolgenden Phasen verläuft. Dass etwa auf Zeiten der Verzweiflung und Verdrängung eine absehbare Phase der Akzeptanz folgt. Ich selbst erlebte die Trauer nicht als etwas, das absehbar war. Eher mischten sich bei mir lange Zeit die Momente der Verzweiflung mit denen des Verstehens.

Für mich trifft es der britische Autor C. S. Lewis eher, wenn er die Trauer nicht als Zustand, sondern als Vorgang beschreibt:

> »Heute Abend ist wieder die ganze Hölle frischer Trauer los; die rasenden Worte, der bittere Groll, das Flattern im Magen, der Alptraum vom Nichts, das Suhlen in Tränen. Denn in der Trauer läßt sich nichts ›festnageln‹. Immer wieder taucht man aus einer Phase auf; aber sie kehrt immer wieder … Bewege ich mich im Kreis, oder darf ich hoffen, es sei eine Spirale?«

Eine Spirale, die einen hoffen lässt, dass man sich auf seinen Runden aus der Tiefe wieder aufwärtsbewegt. Jeder Trauernde hofft, dass die Zeiten der Anspannung irgendwann nachlassen. Auch ich frage mich, ob die Tage, an denen ich an meine Eltern denke, irgendwann seltener werden. Ob es Tage geben wird, an denen ich nicht an ihren Tod denken werde. Bis heute ist das nicht so. Ich denke jeden Tag an sie.

Die Gedanken an den Tod begleiten mich ständig in meinem Leben. Und doch: Während mich diese früher geängstigt haben, kann ich sie heute besser ertragen als etwas, das mich zwar beunruhigt, das aber zu meinem Leben dazugehört. Auch meine Trauer hat sich verändert. Während sie mich in den ersten Jahren überwältigte, wenn etwa ein bestimmter Song im Radio lief, kann ich sie heute eher bewusst zulassen und ihr in bestimmten Momenten Raum geben, etwa, wenn ich allein an meinem Schreibtisch sitze.

Auch das schrieb Lewis: »Trauer gleicht einem langen Tal, einem gewundenen Tal, wo jede Biegung eine vollkommen neuartige Landschaft enthüllen mag.« So fühlt es sich an: als hätte ich als Trauernde wieder eine Runde hinter mir und eine weitere Biegung passiert. Als würden noch einige

Biegungen kommen. Das, was sich lange als Zustand angefühlt hat, ist zu einem Vorgang geworden. Vielleicht war es das schon immer, nur kann ich das erst jetzt, indem ich zurückblicke, erkennen. In dieser vergangenen Zeit habe ich viel verloren, nicht aber mich selbst, obwohl es sich lange so angefühlt hat. Ich drehe noch meine Kreise, aber mit jeder Runde kommt etwas mehr Lebensenergie zurück. Diese Biegungen gehören zum Kreislauf meines Lebens. Die schlechten Zeiten mit der Trauer wechseln sich mit den besseren ab, und so wird es, erkenne ich nun, immer bleiben. Vor allem ist es ein stetiges Fortbewegen. Denn das, was sich oft wie ein Neuanfang anfühlt, ist in Wirklichkeit kein neuer Beginn. Wir fangen nie neu an, wir machen immer weiter.

Dass sich etwas in mir bewegt, merke ich auch daran, dass ich mehr an die Landschaft denke, in der meine Eltern begraben liegen. Lange habe ich sie verdrängt. Meine Mutter beerdigten wir im Frühsommer, meinen Vater im frühen Herbst. Als die Sargträger meine Mutter über den Friedhof trugen, flatterten Schmetterlinge zwischen den Gräbern umher. Drei Monate später, als wir meinen Vater begruben, summten die Bienen unbekümmert um die letzten Blüten herum. Die Landschaft schien das Licht des Sommers abzustrahlen. Sie war wunderschön, und gleichzeitig erschien sie mir kaltherzig. Dass sie so schimmern musste, während etwas in mir verkümmerte, als meine Mutter und später mein Vater in ihren Särgen in die Erde hinabgelassen wurden.

Nach zahlreichen Runden mit dem Hund und noch mehr Runden mit meiner Trauer kehrt diese sanfte Hügellandschaft in Norddeutschland häufiger in meine Gedanken zurück. Oder ich erlaube mir, mich an sie zu erinnern: vorsichtig zunächst, als könnte die Erinnerung die Zweifel und die Einsamkeit aufflammen lassen, die ich nach den Beerdigungen empfunden habe. Aber mit der Zeit merke ich, dass die Erinnerungen vor allem eines verstärken: die Sehnsucht, wieder in dieser Landschaft zu stehen, in der meine Eltern gelebt haben. In der ich gelebt habe. Mit der Zeit wird die Sehnsucht größer, vor allem dann, wenn die Hecke vor unserer Haustür in jenem frischen Grün des Frühjahrs zu leuchten beginnt. An ihr wird mir bewusst, dass wieder ein Jahr vergangen ist, ohne dass ich den Friedhof besucht habe. Aber auch, dass wieder ein Jahr vor mir liegt, in dem ich dorthin fahren könnte. Und ich spüre eine Neugier in mir, wie ich sie lange nicht empfunden habe.

Es fällt mir nicht leicht zuzugeben, dass nach dem Tod meiner Eltern zwei Jahre vergehen mussten, bis ich mich getraut habe, wieder in diese Landschaft zu fahren. So lange konnte ich sie mir nur entfernt vorstellen. Und dann war der Moment da. Es war gar nicht so schwer, mich ins Auto zu setzen und zuzusehen, wie es den Asphalt der Landstraße zu verschlucken schien, und nach zwei Stunden mit pochendem Herzen auf den Parkplatz des Friedhofs einzubiegen. Auszusteigen und die klare Luft einzuatmen und den schmalen, von Gras gesäumten Weg, der zu den Gräbern führt, hinaufzugehen.

Tee, Kuchen und der Tod
oder
Das *Death Café*

Neunhundert Tassen Tee soll ein Brite laut einem Zeitungsbericht jährlich trinken. So wenig? Zumal das Teekochen für die Engländer die perfekte Ersatzhandlung ist, so die Sozialanthropologin Kate Fox, wenn sie sich in Gesellschaft unwohl fühlen. Demzufolge konnte es nur ein Brite gewesen sein, der auf die Idee kam, ein unangenehmes Gesprächsthema wie den Tod mit dem angenehmen Zeitvertreib des Teetrinkens zu verbinden.

Ein Jahrzehnt ist es nun her, dass der britische Ingenieur Jon Underwood erstmals zu einer geselligen Teerunde in sein Wohnzimmer im Osten Londons eingeladen hatte, bei der nicht über das Wetter, sondern über den Tod geplaudert wurde. Wie, fragen Sie sich vielleicht, konnte man auf die Idee kommen, die Süße eines Nachmittagstees mit dem bitteren Thema des Sterbens zu verderben?

Auch ich fragte mich das; bis ich vor Underwoods schmalem Haus in London stand und ein hochgewachsener Mann mir die Tür öffnete. Bei Tee und Keksen erzählte Underwood von dem Schweizer Soziologen Bernard Crettaz, über den er in einem Zeitungsartikel gelesen hatte. Er sprach von Crettaz' *Cafés Mortels,* Cafégesprächen, bei denen sich Unbekannte ungezwungen über den Tod austauschen konnten. Dass er, Underwood, unbedingt etwas Ähnliches probieren wollte, nachdem sein eigener Vater gestorben war und er feststellen musste, dass Bekannte und Fremde *not amused* waren, sobald er das Thema Tod anschnitt.

Er nannte jenes erste Treffen ein *Death Café:* Bei Tee und Kuchen sollten fremde Menschen offen und ungezwungen über den Tod und alles, was dazugehört, reden können mit dem Ziel, »das Bewusstsein für den Tod zu stärken und damit Menschen dazu anzuhalten, das Beste aus ihrem endlichen Leben zu machen«. Seit jener ersten Teestunde in seinem eigenen Wohnzimmer haben seitdem Tausende von *Death Cafés* in über fünfzig Ländern stattgefunden: auf Festivals und Farmen, in Bestattungs- und Privathäusern, Cafés und Klubs. Damit jeder ein *Death Café* ausrichten kann, stellte Underwood eine Art Anleitung ins Netz, mit wenigen Grundregeln, etwa, dass die Treffen nicht kommerziell sein dürfen, keine

Selbsthilfegruppe sein sollen und vor allem Kuchen angeboten werden sollte, da es sich so besser über schwierige Themen reden lasse.

Underwood glaubte fest daran, dass Menschen über den Tod reden wollen, wenn man ihnen die Chance gibt. Dass die unerwartete Nähe, die bei diesem Austausch entsteht, unbekannte Seiten in ihnen öffnen könne. Fünf Jahre nach unserer Begegnung in London musste ich an ihn denken, als ich in der Hamburger Innenstadt rund dreißig Menschen mit den Worten »Ich möchte Sie zu unserem ersten *Death Café* begrüßen …« willkommen hieß.

An dem ersten Abend schneiten erstaunlich viele junge Männer in Anzügen aus den umliegenden Büros zur Tür herein. Ein *Death Café,* sollte ich in den kommenden Jahren lernen, sorgt immer wieder für Überraschungen: Es wird an den Abenden wenig geweint und häufig gelacht. Es wird selten geschwiegen, und wenn, dann ist das Schweigen mit Gedanken oder Erinnerungen gefüllt wie die Stille nach einem Musikstück. Wer glaubt, die Menschen könnten oder wollten nicht über den Tod sprechen, wird an diesen Abenden vom Gegenteil überzeugt: Wir reden darüber, wie es ist, einen Toten anzufassen. Warum wir ihn ungern ansehen und schon gar nicht fotografieren, obwohl wir alles andere im Leben knipsen. Wir sprechen davon, was mit uns geschieht, wenn wir sterben. Einer ist überzeugt, dass wir ins Licht gehen. Ein anderer, dass ein Licht ausgeknipst wird. Wir besprechen, wie Menschen den Tod erlebt haben: Eine Dame beschreibt den Moment, als ein Bekannter starb, wie einen Silberfaden, der in der Luft schwebte; als etwas Fragiles, Zauberhaftes. Eine Sterbebegleiterin erzählt, dass sie, wenn ein Mensch stirbt, das Gefühl hat, Fragmente würden sich zu einem Ganzen zusammenfügen und der Sterbende würde auf seine Essenz reduziert werden.

Ich erzähle, wie die Nachtschwester auf der Palliativstation, auf der meine Eltern beide nachts gestorben sind, stets nach dem Tod eines Patienten das Fenster öffnet. Eine Grundschullehrerin berichtet, dass sich Kinder ihrer Erfahrung nach »dem Zustand des Nichtmehrdaseins« besser nähern können als wir Erwachsene.

Wir sprechen über Beerdigungen und Nahtoderfahrungen. Über ein und kein Leben nach dem Tod. Über die Trauer und dass sie sich oft weniger wie ein Prozess als vielmehr wie ein Zustand anfühlt. Wir diskutieren darüber, was Trauer überhaupt ist. Wie sie nichts und alles sein kann: Wut, Scham, Glück und Traurigkeit. Erinnerung und Angst.

Zu unseren Treffen lade ich Menschen ein, für die der Tod zum Alltag gehört und die den Teilnehmern von ihrer Arbeit berichten. Ein Leichenfotograf, ein Pastor, eine Gerichtsreporterin und eine Designerin, die Lieblingsobjekte von Verstorbenen zu Erinnerungsstücken für die Hinterbliebenen verarbeitet. Der Fotograf erzählt, wie man einen Verstorbenen, der schwerkrank war und dessen Körper und Gesicht gezeichnet waren, würdevoll ablichten kann. Die Designerin berichtet, wie sie aus Mutters Lieblingspullover für deren Tochter einen Lieblingsschal stricken ließ. Die Reporterin beschreibt, wie es ist zu erleben, wie ein Mensch vor ihren Augen im Gerichtssaal erstochen wird, eine Erfahrung, die sie nie wieder loswerden wird. Ein Pastor erzählt vom Tod seines Bruders, der im Schnee verschüttet wurde, und dass es Gläubigen nicht leichter falle zu sterben, auch wenn der Glaube Trost und Gewissheit schenken kann.

Ich bitte die Teilnehmer, auf Karten zu schreiben, was auf ihrem Grabstein stehen könnte. Einer schreibt »Satt«, ein anderer »Ich bereue nichts«. Fast jeder hat etwas zum Tod zu sagen. Niemand fällt dem anderen ins Wort.

An diesen Abenden wird mir klar, dass die Worte über den Tod und das Sterben vorhanden sind, nur scheinbar nicht die Räume, in denen Menschen sie äußern können. Und dass wir uns diese Räume selbst schaffen können. Wenn ich mich nach den Abenden in der Dunkelheit auf den Weg nach Hause mache, nehme ich vor allem ein Gefühl von Wärme mit: eine innere Wärme, die entsteht, wenn man sich auf einer tief menschlichen Ebene ausgetauscht und sich von seiner verletzlichen Seite gezeigt hat. Wir alle haben Erfahrungen mit Verlust und Trauer gemacht. Viele von uns haben Angst vor dem Sterben. Allein dadurch, dass wir offen über ihn geredet hatten, erschien mir der Tod an diesen Abenden etwas weniger groß und erschreckend.

Jon Underwood schlief nicht mit vierundvierzig Jahren ein. Er schied nicht friedlich aus dem Leben. Er dämmerte nicht hinüber ins Jenseits. Er starb. Unerwartet und plötzlich. Auch das war ihm wichtig: die Begriffe Tod und Sterben aus ihrer gesellschaftlichen Verbannung zurückzuholen und sie alltäglich zu machen. Sie nicht zu verschönern. Er wünschte sich, dass Menschen ohne Angst über das Sterben sprechen können und der Tod nicht durch eine blumige Sprache verschleiert werden muss.

Fast radikal in seinem Glauben an den Mut und das Mitgefühl der Menschen, sowohl im Leben wie im Sterben, war er überzeugt, dass man sein

Sterben annehmen müsse, um das Leben wirklich anpacken zu können. Mit mehr Bewusstsein für seine Endlichkeit würde man auch mehr zur Gesellschaft beitragen, weil man sich für Themen wie den Klimaschutz einsetze oder sich liebevoller um ältere Menschen kümmere. Mit seinen Teestunden bewies er, dass es nützlicher, tröstlicher und unterhaltsamer sein kann, sich über den Tod zu unterhalten, als über das Wetter zu sprechen. Und dass kein Thema das Eis zwischen Fremden besser brechen kann als das Sterben.

Die Besteigung des Mount Everest
oder
Ein Besuch auf dem Landfriedhof

Der Blick ist mir schon vertraut: Vom Tor führt der Weg auf einen kleinen Hügel. Oben wirft eine Kapelle mit spitzem Turm ihren Schatten auf die umliegenden Gräber. Von der benachbarten Weide blickt ein Pony über den Zaun. Auf der schattigen Seite des Hügels stehen die Bäume dicht nebeneinander. Sonnenlicht fällt durch ihre Äste. Hier liegen meine Eltern, begraben unter einem Vogelbeerbaum.

Mir gefällt der Gedanke, dass sie unter seinen federartigen Blättern ruhen; dass die Amsel, die von einem Zweig zum nächsten flitzt, nur für sie zu singen scheint. Zu Hause lese ich, dass die Haselmaus ihre Früchte für den Winter sammelt und sich auch Rotkehlchen und Singdrosseln an seinen orangeroten Beeren erfreuen. Neben den benachbarten Tannen wirkt der Baum eher schmächtig. Dafür trägt er eine Reihe eindrucksvoller Namen, darunter Vogelbär, Quitschbeere und Queckenboom. Und auch das lese ich: Bei den Kelten galt der Baum als ein Symbol des Wiedererwachens nach der Winterzeit.

Der Grabstein schimmert schwarz im Halbschatten. Die Namen und Lebensdaten meiner Eltern leuchten in goldenen Buchstaben auf dem dunklen Hintergrund wie auf einem Buchumschlag. Was haben diese meist kantigen Rechtecke aus Stein, dass sie unsere Aufmerksamkeit so magisch anziehen? Lange konnte ich nicht nachvollziehen, warum Menschen Dinge sagen wie: »Morgen fahre ich zum Friedhof, meinen Mann besuchen.« Warum man wöchentlich zum Friedhof pilgert, als könnte man seinen Verstorbenen nur dort nahe sein. Bis ich selbst den Sog spürte und ich dann vor diesem Stein mit seiner leuchtenden Schrift stand, mit der einerseits die Existenz zweier Menschen festgehalten, andererseits aber auch die Tatsache in Stein gemeißelt war, dass sie diese Welt für immer verlassen hatten.

Es ist ein merkwürdiges Gefühl, sich vorzustellen, dass zwei einst aktive Menschen vor einem in der Erde liegen. Oder das, was von ihnen übrig geblieben ist: der Körper der Mutter, in dem ich entstanden bin. Der Vater, der eine Präsenz hatte, wie sie wohl nur Väter haben können. Vielleicht ist das der Grund, warum ich mich am Stein so merkwürdig verhalte: Statt über die Erhebung im Schatten des Steins zu laufen, tappe ich vorsichtig um sie herum. Ich bin mit einer kleinen Harke gewappnet, um das Grab von Efeu und den Blättern des Winters zu befreien. Da ich einen halben Tag für die Anfahrt brauche, schaffe ich es bei meinen Besuchen nie, das Unkraut ganz zu bändigen. Und so sieht das Grab bei meinem nächsten Besuch auch wieder aus: Übersät mit Tannennadeln, dazu von Giersch – einer der wenigen Erzfeinde meiner Mutter – überwachsen. Bei dem Anblick würde sie sich, wie man zu sagen pflegt, im Grabe umdrehen.

Dass das Unkraut sich anfangs ungehindert ausbreiten konnte, hatte seine Gründe: Schließlich hat es zwei Jahre gedauert, bis ich mich nach den Beerdigungen traute, das Grab zu besuchen. Zu Recht regte sich eine ehemalige Nachbarin meiner Eltern darüber auf, dass man es so vernachlässigen könne. Ich wunderte mich selbst darüber, dass ich nicht so funktionierte, wie man es wohl von jemandem, der zwei geliebte Menschen verloren hat, erwarten würde. Vor ihrem Tod hätte ich innerlich die Augen gerollt, wenn jemand behauptet hätte, sich nicht zu trauen, zum Friedhof zu fahren, auf dem ein für ihn wichtiger Mensch liegt. Heute weiß ich, dass die Schritte dorthin ähnlich herausfordernd sind wie eine Besteigung des Mount Everest.

Dass ich dem Friedhof fernblieb, lag auch an einem Bild, das sich in meine Erinnerung eingebrannt hat: von jenem Moment, als der Sarg hinabgelassen wurde, zunächst der meiner Mutter und wenige Monate später der meines Vaters. Beide auf demselben Friedhof, bei ähnlichem Wetter, mit denselben Gästen. Wie die Wiederholung eines schlechten Films. Spätestens im Falle meines Vaters hätte mir der Anblick vertraut sein können, doch anscheinend gewöhnt man sich nie daran, wie ein einst warmer Mensch in ein kaltes Erdloch hinabgesenkt wird. Vielleicht lag es auch an dem Blick über den Rand in die Tiefe, in der der Sarg mir so klein vorkam, dass es sich anfühlte, als würde auch etwas von mir in die Erde fallen.

Und dann dieser Sand. Noch heute, wenn ich als Rednerin am Grab spreche, beende ich meine Worte lieber damit, einige Rosenblätter auf den Sarg regnen zu lassen, als zur Schaufel zu greifen, die neben mir in einer Kiste mit Sand steckt. Die Kiste steht immer am Grab und manchmal ein Körbchen mit Rosenblättern. Auch wenn ich weiß, dass es für viele tröstlich ist, etwas Sand auf den Sarg zu schaufeln und den Verstorbenen symbolisch der Erde zu übergeben, vermeide ich den

Griff zur Schaufel, wann immer es geht. Nicht nur, weil er mich an jenen Tag erinnert, an dem ich als Tochter nach ihr gegriffen und meine Mutter damit ein Stück weit mitbegraben habe. In seinen *American Notebooks* schreibt der Schriftsteller Nathaniel Hawthorne, wie man sich bei einer Beerdigung entschieden hatte, Stroh auf den Sarg zu werfen, »weil die Erdklumpen auf dem Sargdeckel so ein hässliches Geräusch machen«.

Ich erinnere mich gut an jenen ersten Besuch auf dem Friedhof. Es war im Frühsommer, und die Blätter leuchteten in einem Grün, als hätte ein Kind sie gemalt. Die Landschaft am Horizont setzte sich wie ein Aquarell aus Schichten von Grün, Blau und Braun zusammen. Die Welt um mich herum fühlte sich ansteckend lebendig an; die Vögel sangen, und die Kühe auf der benachbarten Weide verscheuchten mit ihren Schwänzen unsichtbare Insekten. Während das Sonnenlicht durch die Bäume fiel, fühlte ich, wie sich etwas in mir löste. Dieser Ort, der mir aus der Ferne so lange Angst gemacht hatte, tat dies nun nicht mehr. Der Friedhof war nicht bedrückend, sondern belebend. Die Tierwelt arbeitete vor sich hin, und die Büsche raschelten, als wollten sie mit mir sprechen. Gleichzeitig war es so ruhig, wie es nur auf Friedhöfen ruhig sein kann. Zwischen den Gräbern sammelte sich die Stille wie das Sonnenlicht an einem See. Eine Stille, die mit den Geräuschen des Landlebens und der Natur gefüllt war. Abgesehen von einer Frau, die einige Reihen weiter die Büsche um ein Grab goss, stand ich allein auf dem Friedhof. Einsam oder ängstlich fühlte ich mich aber nicht. Eher meinte ich etwas von der Nähe all der Menschen zu spüren, die vor mir diese Wege beschritten hatten, so wie es der Historiker G. M. Trevelyan treffend beschrieb, als er von der »Poesie der Geschichte« sprach, »die in der wundersamen Tatsache liegt, dass auf bekanntem Boden einst andere Männer und Frauen wie wir heute gingen«.

Im Laufe der nächsten Jahre fahre ich häufiger zum Friedhof. Wenn ich vor dem Stein stehe, ist es bis heute so, als würde ich mir ein Gemälde anschauen: Die Welt wird, während ich ihn betrachte, langsamer und leiser. Die Gedanken öffnen sich; auch die an den Verlust, für die es im Alltag oft keinen Raum zu geben scheint. Das Aufräumen am Grab schafft auch in mir Freiraum für die Fragen, die mir noch im Kopf umherschwirren. Wie die, warum ich so stark um zwei Menschen trauern musste, die lange und gut leben durften und deren Tod eigentlich keinen unerwarteten Schicksalsschlag darstellte, wie andere ihn erleiden müssen.

Als Trauerrednerin bin ich vielen erwachsenen

Kindern begegnet, die ihre verstorbenen Eltern beerdigen mussten. Nach all diesen Begegnungen meine ich, eine Antwort auf diese Frage gefunden zu haben: Es schmerzt deshalb so, wenn die Eltern sterben, weil sie die Ersten waren, die uns im Arm gehalten und angeschaut haben. Weil das Gesicht der Mutter dasjenige war, in dem sich unsere Welt widerspiegelte, als wir geboren wurden. Weil die Eltern uns zeigen, wer wir sein können oder wer wir nicht sein wollen. Weil wir uns an ihnen orientieren, indem wir ihnen ähnlich werden oder uns von ihnen entfernen. Weil mit ihrem Tod die Anekdoten versiegen, die wir zu ihren Lebzeiten so oft nicht hören wollten, die uns Kindern aber einen Blick in vergangene Zeiten eröffnen. Weil der Tod der Menschen, die das eigene Leben ermöglicht haben, etwas in einem freisetzt, egal wie das Verhältnis zu ihnen war; eine Lawine an Emotionen, von denen man gar nicht wusste, dass man sie in sich trägt.

Zumindest war es für mich so. Eine Erschütterung, die etwas in mir zersplittern ließ. Aber indem ich die Fragmente über die Jahre zusammenfügte, wurden sie für mich zu einer Chance: nicht um ein besserer Mensch zu werden, aber vielleicht doch ein ehrlicherer und dankbarerer.

Vertraute Landschaften
oder
Kein Leben ohne Verlust

In der Landschaft zu stehen, durch die ich als Teenager geradelt bin, ist mir so vertraut wie das Hören eines bekannten Musikstücks. Ich muss an das Mädchen denken, das ich war, als ich in dieser Gegend aufgewachsen bin. Bin ich noch dieselbe? Sie fühlt sich für mich eher fremd an, wie eine Person, die ich vor langer Zeit gekannt habe. Und doch meine ich, in dieser vertrauten Landschaft beide zu spüren: die junge Frau, die ich früher einmal war; mit einer Vorstellung davon, wer sie als Erwachsene mal sein würde. Und die Frau, die ich jetzt bin: die erkannt hat, wie sehr ihre Verluste ihr Leben geprägt haben.

Wer bin ich als Trauernde? Als Trauerrednerin? Als Mensch? So viel weiß ich: Nichts hat mich mehr über Krankheit und Gesundheit, Kraft und Verletzlichkeit, Schicksal und Selbstbestimmung gelehrt als der Tod.

Nichts hat mehr dazu beigetragen, dass meine Kinder sich heute in meinen Armen wie Sternenstaub anfühlen oder so, wie ich mir diesen vorstelle: kostbar, zerbrechlich und robust zugleich. Heute beobachte ich sie wie durch eine innere Kamera, die das Geschehen vor mir für immer festzuhalten versucht. Momente der Freude und Berührung versuche ich, wie in einem inneren Fotoalbum abzuspeichern, damit ich später in ihm blättern kann. Denn nun weiß ich, dass diese Sekunden mich noch Jahre später mit Freude und Wärme erfüllen können.

Seit der Tod in mein Leben getreten ist – und so fühlt es sich bis heute an –, hat er einiges in mir bewegt. So ist die Angst vor dem nächsten Verlust präsenter geworden. Die Garantie, dass ich oder meine Liebsten morgen noch hier sind, gibt es nicht. Auch scheint es unmöglich zu sein, das Sterben von anderen mitzuerleben, ohne an das eigene zu denken.

Es sind neue Sorgen hinzugekommen: So frage ich mich, was mein Tod mit meinen Kindern machen würde, wenn ich bald sterben müsste. Alte Ängste belasten mich hingegen weniger als früher. Das eigene Sterben etwa beunruhigt mich weniger, seit ich weiß, dass man trotz Krankheit und Schwäche friedlich und würdevoll sterben kann. Und wenn ich sehe, was andere vor mir überwunden haben, werden vermeintliche Hürden im Alltag überwindbarer.

In diesen Jahren bin ich geduldiger geworden: Den Regenschauer, der sich wie aus einem umgestülpten Eimer über mich ergießt, schüttle ich von mir ab. Gleichzeitig bin ich mit den Menschen um mich herum ungeduldiger geworden – wenn sie zu viel rauchen, sich im Internet verlieren oder Dinge tun, mit denen man seine Zeit verschwendet –, als ob ich besser wüsste, wie man zu leben hat.

Ich selbst lebe langweiliger: Nichts schätze ich mehr als die vertrauten Abläufe mit Kindern, Arbeit und Spaziergängen mit dem Hund im Park. Jeder Tag ohne Krise und ohne Verlust ist wie ein Geschenk. Gleichzeitig spüre ich die Dringlichkeit, die eine tägliche Konfrontation mit dem Tod mit sich bringt: Als ein alter Familienfreund in New York schwer erkrankt, kratze ich meine Ersparnisse zusammen, um ihn mit meinem Sohn zu besuchen.

Was meine Beziehung zum Hund betrifft: Statt im Voraus um seine künftige Abwesenheit zu trauern, schätze ich seine unaufgeregte Präsenz, wenn er neben mir hertrottet. Und wenn ich eine Hand auf seine Flanke lege und spüre, wie sein Atmen augenblicklich langsamer wird, erinnert mich das an die wundervolle Kraft der Berührung.

In den letzten Jahren haben sich Prioritäten verschoben. Ich bin nachlässiger geworden: Der Geschirrspüler bleibt öfter unausgeräumt, lieber widme ich mich dem Schreiben. Dem Schreiben von Geschichten. Auch dieser Geschichte. Beim Schreiben bin ich bei mir. Auch wenn die Worte nie ausreichen, um der Sinnfrage nach einem Verlust eine Antwort zu schenken, auch wenn sie einen Menschen nie zurückbringen werden, schenken sie mir Sinn und Ordnung. Manchmal ist das schon genug, um die dunklen Gedanken beiseitezuschieben und ein wenig Licht hereinzulassen, das einen mit Mut erfüllt.

Und doch fühlt sich das Schreiben für mich nur richtig an, wenn ich weiß, dass es meinen Liebsten gutgeht: wenn ich am Schreibtisch sitze und meinen Sohn in seinem Zimmer höre, wie er einen Song im Radio mitsummt, während er mit seinem Lego spielt – das ist das für mich ein Moment tiefster Zufriedenheit.

Worte gegen den Schmerz
oder
Warum ich über den Tod schreiben muss

Ich muss schreiben. Und ich muss über den Tod sprechen: Für einen Menschen, der es jahrelang abergläubisch vermieden hat, die Worte wie Tod und Trauer auszusprechen, hat es etwas Befreiendes, sie nun in den Mund zu nehmen. Mit der Zeit wird es für mich leichter, diese Worte zu gebrauchen, auch wenn für mich in dem »T-Wort« eine Ehrfurcht mitschwingt, die mich nach meiner christlichen Schulerziehung sonst nur beim Begriff »Gott« erfasst. Oder vielleicht noch bei »Sex«, einem anderen, ebenso bedeutungsvollen Wort, das an meiner Schule und bei uns zu Hause gar nicht ausgesprochen wurde. Das, wie ich feststellen muss, mit dem Wort Tod einiges gemein hat: So wie wir als Heranwachsende lernen müssen, über Sex zu reden, müssen wir auch lernen, uns über den Tod zu unterhalten. So wie wir, wenn es um Sex geht, die entsprechenden Vokabeln finden und üben müssen, sie selbstbewusst auszusprechen, müssen wir auch für den Tod die Worte finden und uns mit ihnen vertraut machen.

Ich möchte offener über den Tod reden. Und ich wünschte mir, dass mehr Menschen das tun würden. Denn auch wenn ich mich wiederhole: Der Tod gehört zu unserem Leben und in unseren Alltag. Er ist besonders und banal zugleich; weltbewegend und von der »Belanglosigkeit der Umstände, in denen das Undenkbare passierte«, gezeichnet, wie es die amerikanische Essayistin Joan Didion beschreibt. Er ist gekennzeichnet von der Alltäglichkeit der Umstände, in die er eintritt, und gleichzeitig nimmt er, wenn er dann da ist, eine Größe an, die auch damit zusammenhängt, dass wir uns in unserem Alltag so wenig mit ihm auseinandersetzen.

Warum sollten wir uns mit so einem unangenehmen Thema beschäftigen? Warum sollten wir mehr über das Sterben und die Trauer reden? Ich kann nur aus eigener Erfahrung antworten: Weil der Tod weniger unheimlich und groß wird, wenn man über ihn spricht. Weil jeder Verlust einen erneut überrumpelt, man aber wenigstens besser vorbereitet ist auf das, was der Tod eines lieben Menschen mit sich bringt: auf die Bürokratie und die ganze Organisation. Auf die plötzliche Einsamkeit. Darauf, dass die Trauer einen bestimmen wird und nicht umgekehrt.

Man *muss* natürlich nicht über die Trauer reden. Manchmal kann man und manchmal möchte man das nicht. Aber ich weiß auch, dass die Trauer einen erdrücken kann, wenn man das Gefühl hat, sein Leid verbergen zu müssen. Wenn man seine anfängliche tiefe Traurigkeit zu verstecken versucht, dann kann sie sich mit der Zeit in etwas Größeres wandeln, dem man schwerer entgegentreten kann. Wenn wir aber von unserem Verlust erzählen und davon berichten, wie wir gelernt haben, mit ihm zu leben, dann können wir anderen eine Idee davon mitgeben, wie auch sie mit dem Tod und der Trauer leben können.

Vielleicht ist deshalb der naive Wunsch in mir gewachsen, es anderen vorzumachen: Ich möchte anderen ihre Angst nehmen, über ihre Erfahrung mit dem Tod zu reden, indem ich es tue. Wenn ich damit nur einem Menschen, der nach seinem Verlust das Gefühl hat, ein wenig verrückt zu werden, helfe, sich weniger allein zu fühlen, dann hat sich jede Minute, die ich an diesen Zeilen gesessen habe, gelohnt. Wenn sich nur eine Person beim Lesen dieser Zeilen weniger einsam fühlt, dann wiederhole ich mich gerne: Man darf über den Tod reden. Und es ist möglich, mit seiner Trauer weiterzuleben.

Worte können einem den Schmerz über einen Verlust nicht nehmen. Aber es kann wertvoll sein, die vielen Gedanken, die einem im Kopf herumschwirren, auszusprechen; das weiß ich seit den ersten Monaten nach dem Tod meiner Eltern. In dieser Zeit fiel es mir plötzlich schwerer, Deutsch, das nicht meine Muttersprache ist, zu sprechen, als würde ich an einem Fieber leiden. Die Worte kamen langsamer als sonst, als müsste ich sie in meinem Kopf erst suchen; ich fühlte mich, als hätte ihn ein Kurzschluss lahmgelegt.

Es dauerte Monate, bis die Worte wieder wie vorher zugänglich waren. Es war vor allem das Gespräch mit einer Trauerbegleiterin, das sie wieder zum Fließen brachte. Die Minuten in dem kleinen, stillen Raum des nahegelegenen Bestattungshauses werde ich nie mehr vergessen. Vor allem nicht die zurückhaltende, aber starke Frau, die das aushielt, was ich ihr entgegenschleuderte. Im Rückblick glaube ich, dass dieses Gespräch der Moment war, an dem ich begann, mir selbst meine Trauergeschichte zu erzählen.

Als Trauerrednerin darf ich nun zuhören und die Geschichten der anderen an- oder aufnehmen. Ich wünsche mir, den Hinterbliebenen nur einen

Funken der Empathie dieser Dame zurückgeben zu können, die mir damals den Mut machte, mich intensiver mit meiner Trauer auseinanderzusetzen.

Dass die Hinterbliebenen mir die Geschichten ihrer Verstorbenen anvertrauen, ist für mich ein tägliches Privileg. Mit diesen Geschichten erzählen sie mir auch etwas von ihrem eigenen Leben. Jede dieser Geschichten ist wertvoll und einzigartig. Jedes Leben ist von Bedeutung. Daran werde ich in diesen Gesprächen erinnert. Vieles von dem Erzählten bleibt bei mir. Anderes inzwischen nicht mehr. Und das muss es auch nicht. Denn es ist nicht an mir, das Erzählte zu behalten. Dies ist mir nach der Zeit, in der mich die Schwere der Trauer der anderen herunterzuziehen begann, klargeworden. Als Trauerrednerin muss ich offen sein, um den Schmerz der anderen aufnehmen zu können. Aber auch offen genug, um ihn wieder loszulassen.

Wie das geht? Offen genug zu sein, um die Trauer der anderen aufzunehmen, aber diese auch wieder loslassen zu können? Da hilft sicher die Demut, die mich nun erkennen lässt, wie wundervoll es ist, von seinen Liebsten umgeben zu sein, und die den dumpfen Alltag wieder glitzern lässt. Und dann gibt es die Ablenkung: die durch die Menschen und die Haustiere, durch die Arbeit, den

Sport und die Natur. Durch die Gespräche und den morgendlichen Kaffee. Und manchmal auch durch eine gute Serie, die man sich abends gönnt.

Afterlife oder So wie das Leben spielt

Ich weiß nicht, ob nur ich das so wahrnehme, aber in den beiden letzten Jahren, in denen ich an diesem Buch sitze, scheint das Thema Tod und Trauer vermehrt auf unseren Bildschirmen aufzutauchen. Die Streamingdienste werben plötzlich mit Serien, die den Tod nicht erst in Episode zehn der dritten Staffel verstecken, sondern diesen wie bei *Afterlife* (Das Leben nach dem Tod) in den Titel heben und somit die Trauer zum Hauptthema machen. *Afterlife* etwa handelt von einem Herrn, der mit dem Leben als Witwer nach dem Tod seiner krebskranken Frau hadert. Wenn ich heute Fremden von meinem Beruf als Trauerrednerin erzähle, sprechen sie mich weniger auf jene dunkle amerikanische Komödie *Six Feet Under* an als auf *Das letzte Wort*, eine Serie über eine Witwe, die zur Trauerrednerin wird.

Man könnte argumentieren, dass diese bunt verpackten Geschichten samt Protagonisten, die von britischen oder deutschen Komikern gespielt werden, nur eine Flucht in eine Fantasiewelt sind, die nichts mit der Realität zu tun hat. Für mich jedoch sind sie mehr als das: Sie ziehen mich in einen Alltag, den wir alle kennen, in dem der Tod dazugehört.

Auch in anderen Welten wird der Tod alltäglicher: Viele Jahre ließ das Posten in den sozialen Medien meinen Blutdruck schneller in die Höhe schießen als zu meinen schlimmsten Teetrink-Zeiten. Weshalb ich mich lieber von ihnen fernhielt. Nun wage ich mich in die Welt von Instagram. Was ich dort entdecke: Accounts, die sich ganz dem Austausch über den Tod widmen und dies ganz offen, informativ und humorvoll tun. Die Bilder zeigen von Aufnähern mit der Aufschrift *»Ready To Die«:* Diese können von Menschen getragen werden, die mit ihren Liebsten besprochen haben, wie sie beerdigt werden wollen, und sich mit diesem Aufnäher zu ihrer Vorsorge bekennen. Oder Autoaufkleber mit dem mutigen Bekenntnis *»I Love Ageing and Dying«.* Ich entdecke Werke von Künstlern, die die Tradition des Memento mori fortsetzen und wie vor Jahrhunderten Abbildungen von Skeletten zeigen; nur in bunteren Farben und mit lebensbejahenden Sprüchen wie *»Compas-*

sion over Comparison« (Mitgefühl statt Vergleich). Vor allem faszinieren mich die geposteten Fotos verschiedener Friedhöfe aus aller Welt, wie die des Green-Wood Cemetery in New York. Beim Bild vom Grabstein des Hundes *Rex the Dog* muss ich schmunzeln, weil viele Besucher darauf ein Stöckchen hinterlassen. In den letzten Monaten sind es wohl deutlich mehr Stöcke gewesen als sonst. Das hat einen Grund: Seit der Corona-Pandemie gehen mehr Menschen auf dem Friedhof spazieren.

Das Moderieren der *Death Cafés* hat mir deutlich gemacht, dass das Bedürfnis, über den Tod zu reden, da ist, aber den Menschen oft der Raum dafür fehlt. Leider scheint es in der Zeit, in der ich diese letzten Seiten schreibe, einen beängstigenden Grund zu geben, der die Menschen dazu bringt, offener über ihre Verluste und ihre Einsamkeit zu sprechen: die Corona-Pandemie. Eine Nachbarin, der ich auf der Straße begegne und die ich wie gewohnt unbedacht nach ihrem Befinden frage, antwortet mir mit einem überraschend vehementen »beschissen«. Wie so viele kann sie ihre ältere Mutter schon zu lange nicht mehr besuchen.

Jeder trauert anders, aber gerade trauern viele. Vor allem um das, was sie in Zeiten der Pandemie verloren haben. Es bricht mir das Herz, als ich in einem Trauergespräch dem lieben Witwer gegenübersitze, der seine krebskranke Frau aufgrund der Ansteckungsgefahr drei Wochen lang nicht im Krankenhaus besuchen durfte. Kurz nachdem ihm ein Besuch ermöglicht wurde, starb sie. Wenn ich sehe, wie bei den Trauerfeiern die Familienmitglieder mit dem festgelegten Abstand voneinander entfernt sitzen, erscheinen mir diese eineinhalb Meter wie tiefe Gräben.

Trauer ist eine Veränderung, die wir nicht verstehen und die wir wieder loswerden möchten. Vielleicht lernen wir durch diese ungewollte Erfahrung mit der Pandemie etwas über sie. Vielleicht lässt sie uns Fragen stellen, die wir davor nicht gestellt hätten. Etwa an unsere Großeltern, wie sie früher in Zeiten des Verlusts gelebt haben. Vielleicht lässt sie uns in Zukunft die Bedeutung der Berührung und des Zusammenseins schätzen. Vielleicht, so hoffe ich, können wir irgendetwas aus dieser Zeit mitnehmen, das sich auf unser künftiges Leben positiv auswirkt.

Mir selbst hilft vor allem die Erfahrung als Trauernde, diesen schwierigen Moment durchzustehen: Ich weiß, dass mich diese Zeit prägen wird. Gleichzeitig weiß ich, dass ich sie aushalten und überstehen kann.

Wie vielen von uns fehlt auch mir in dieser Pandemie der persönliche Kontakt mit Verwandten und

Freunden. Dadurch wird mir aber auch bewusster, was sie für mich bedeuten. Und in dieser Zeit, in der ich mehr auf mich selbst zurückgeworfen bin, sehe ich auch deutlich vor mir, wie ich sterben wollen würde, wenn ich mir das aussuchen könnte. Das kann sich wieder ändern, aber momentan weiß ich, dass ich nicht wie meine Mutter gehen möchte; allein und ohne meine Liebsten. Ich wünsche mir, dass sie, sofern sie es ertragen können, bei mir sind. Dass sie meine Hand halten. Vor allem hoffe ich, dass ich meinen Kindern noch sagen kann, dass ich so traurig bin, weil ich gehen muss, aber ich beruhigt bin, weil ich sie beide kennenlernen und ihnen nah sein durfte. Und dass es das Allergrößte war, sie zur Welt zu bringen.

Recycling
oder
Die Erde, ein riesiger Friedhof

Genau zehn Jahre sind nun seit dem Tod meiner Eltern vergangen. Ich fahre regelmäßiger zum Friedhof, wenn auch immer noch selten. Er ist ein Ort der Ruhe für mich, an dem ich vieles durchdenken kann, aber auch einer, an dem ein Rest jener Kälte, die ich bei Beerdigungen empfunden habe, spürbar bleibt. Ich freue mich deshalb immer, wenn mich jemand begleitet. Eine gute Freundin. Oder mein englischer Onkel. Als dieser das erste Mal vor dem Grab steht, huschen die Emotionen über sein Gesicht wie die Wolken über unseren Köpfen.

Bei einem anderen Friedhofsbesuch pflanze ich auf dem Grab Vergissmeinnicht in der Hoffnung, dass sie den Giersch aufhalten. Ich schneide den Efeu zurück, der bis zum nächsten Besuch wieder dichter werden wird. Dabei muss ich an die Worte des Journalisten Tiziano Terzani denken, der an seinem Lebensende sagte, dass unsere Erde im Grunde ein riesiger Friedhof ist: ein immens großer Friedhof all dessen, was gewesen ist.

> »Wenn wir anfangen würden zu graben, fänden wir überall zu Staub zerfallene Knochen, die Überreste des Lebens. Kannst du dir vorstellen, wie viele Abermilliarden von Lebewesen auf dieser Erde gestorben sind? Die sind alle da! (…) Dieser immense Friedhof aber, die Erde, ist wunderschön! Mit all den Blumen, die darauf wachsen, mit all den Ameisen und Elefanten, die darüberlaufen. Er ist die Natur!«

Als Trauerrednerin haben mir viele Menschen erzählt, was sie in ihren Vorstellungen nach dem Tod erwartet: Eine Dame war überzeugt, dass sie nach ihrem Tod wieder mit ihrem verstorbenen Ehemann tanzen würde. Für einen Jungen war der verstorbene Opa – daran gab es keinen Zweifel – zu einem Zitronenfalter geworden. Vor allem die Kinder, die ohne in ein einziges buddhistisches Werk geblickt oder an einem Gottesdienst teilgenommen zu haben, oft an ein Leben nach dem Tod glauben, beeindrucken mich mit ihren klaren Bildern. Einen älteren Herrn tröstete der Gedanke, dass wir

»recycelt« werden, wenn wir in die Erde kommen. Mir gefällt dieser Gedanke, dass irgendetwas von unserem Körper in der Erde weiterverwendet wird und andere Lebewesen davon Gebrauch machen können. Dazu fällt mir der Satz aus dem schräg-schönen Film *Hot Shots* ein, in dem der durchgeknallte Admiral Benson auf einer Beerdigung verkündet: »Eben noch ist man im Bett mit einem hübschen Küken oder Kerl ... und im nächsten Moment ist man ein Komposthaufen.«

All diese Gedanken haben mir geholfen, mir selbst ein Bild davon zu machen, wie ich beerdigt werden möchte. Der Gedanke überrascht mich selbst etwas: Obwohl ich so gerne am Meer bin und es mich immer dort hinzieht, möchte ich auf keinen Fall auf See bestattet werden. Eher gefällt mir die Vorstellung, dass ich zu Kompost werde; dass ich zur Erde zurückkehre, aus der neues Leben erwacht.

Meine Eltern sind also »zu Staub zerfallene Knochen« geworden. Vielleicht ist auch gar nichts mehr von ihnen übrig, wie ein Biologe mir erklärt. Was auch immer von ihnen übrig geblieben ist: Wenn ich vor dem Grabstein meiner Eltern stehe, sehe ich sie nicht als Skelette oder Staub vor mir. In meiner Vorstellung sind sie noch immer aktive und lebendige Menschen. Unsere Liebsten bleiben nicht als Verstorbene bei uns, sondern als Lebende.

Als Lebende hinterlassen sie ein Mosaik aus vielen Dingen, die sie auszeichnen. Eine Essenz, die sich aus ihren Stimmen, Gesten und Gedanken zusammensetzt. Die aus ihrer körperlichen Präsenz, aus Handlungen, Erfahrungen und Erinnerungen besteht. Es kann für einen Hinterbliebenen schockierend sein, wenn er gewisse Seiten eines Verstorbenen vergisst. Wie ich, die die Stimme meiner Mutter scheinbar vergessen hatte. Einmal im Jahr hole ich das alte Festnetztelefon mit dem Anrufbeantworter aus der Schublade, um mir ihre Nachrichten abzuhören. Ich finde es faszinierend, dass ich zwar den Klang ihrer Stimme vergessen habe, nicht aber sie in ihrer Gesamtheit. Als würde ich ihre Anwesenheit in ihrer Abwesenheit umso deutlicher spüren. Es ist, als würde sich mein ganzes Wesen an meine Eltern erinnern, jede einzelne Zelle, jeder Nerv. Als könnte ich sie um mich oder in mir spüren. Vor allem das hinterlassen unsere Verstorbenen: ein Gefühl, das wir nur mit ihnen verbinden. Ein Gefühl, das diffus und konkret zugleich ist; wie ein Lied, dessen Melodie man summen kann, dessen Text man aber längst vergessen hat.

Das kann schwer sein: die Präsenz eines Menschen kurz nach einem Verlust noch so stark zu spüren. Mit der Zeit kann es einen aber auch trösten, wenn man die Verstorbenen wieder hervorzaubern kann: wenn man den Schal eines lieben Menschen in die Hand nimmt oder ein Lied im Radio hört, das eine Verstorbene gerne mochte, und man sie in dem Moment wieder bei sich spürt.

Einst konnte ich über Sätze wie »Die Toten leben in uns weiter« nur den Kopf schütteln. Heute würde ich eher sagen: Die Toten leben nicht in uns weiter. Aber in unserer Erinnerung bleiben sie lebendig. Und wenn wir uns dafür öffnen, dann können wir sie noch hören, sehen und fühlen. Nur, wie halten wir uns offen? Indem wir an sie denken. Indem wir von ihnen erzählen. Indem wir uns Raum schaffen, um uns an sie zu erinnern: bei einem Friedhofsbesuch. Zu Hause, indem wir mit unseren Kindern alte Fotos auf unserem Smartphone ansehen. Manchmal erinnern wir uns auch, indem wir über sie schreiben.

Meine erste selbst geschriebene Geschichte handelte von einer Elefantendame, die aus dem Zirkus entlief. Dafür bekam ich von Mr. Snow, dem Direktor meiner Grundschule, einen goldenen Stern. Für den Aufkleber musste ich vor seinem Büro warten. Bis heute erinnere ich mich, wie ich vor der Tür seines Büros wartete: Auf seinem

Namensschild war ein Junge zu sehen, der im Schnee spielte. Von dem Tag an war ich vom Schreibfieber infiziert.

Die meisten Seiten, die ich in meinem Leben geschrieben oder getippt habe, wird niemand lesen. Ich schreibe, weil ich es muss. Weil ich es mag. Weil ich so bin. Vielleicht, frage ich mich am Ende eines langen Abends vor dem Bildschirm, tue ich es aber auch, um wieder einen goldenen Stern zu bekommen. Damit etwas Fassbares, etwas Konkretes von mir bleibt, wenn ich nicht mehr da bin. Die wenigsten von uns werden sichtbare Spuren hinterlassen, so wie wir es uns vielleicht erträumt haben: Häuser, die wir gebaut haben. Bilder, die wir gemalt haben und die nun bei anderen an der Wand hängen. Musikstücke, die wir komponiert haben.

Einige der Frauen, für die ich Trauerreden geschrieben habe, schienen, wie ihre Familien erzählten, damit gehadert zu haben, dass sie in ihrem Leben nicht genug erreicht hatten. Weil sie ihre Berufe aufgegeben hatten, um ihre Kinder großzuziehen. Oder weil sie zu einer Zeit groß wurden, in der man von Ehefrauen, ob sie nun Kinder hatten oder nicht, erwartete, dass sie sich vor allem um den Haushalt und ihren Mann kümmerten.

Nur weil wir nichts Konkretes hinterlassen,

heißt das nicht, dass wir keine Spuren unserer Existenz zurücklassen. Nur weil man den Wert der Liebe und der Fürsorge nicht messen kann, bedeutet das nicht, dass sie wertlos sind. Im Gegenteil: Unsere Mütter haben mit ihrer oft liebevollen und stetigen Sorge sehr wohl unser Leben beeinflusst. Natürlich sind es nicht nur die Frauen, die solche Spuren hinterlassen: Auch die Väter und die Großeltern, Geschwister und Freunde; all die Menschen, die andere geliebt und versorgt haben, hinterlassen ihre Spuren in deren Leben. Was von ihnen weiterlebt, kann sich in einem Blick, einer Geste oder einer Gewohnheit ihrer Kinder, Enkel oder Geschwister zeigen. Wie bei meinem Onkel, der, wie ich bei unserem ersten gemeinsamen Abendessen festgestellt habe, eine Scheibe Brot zu einem warmen Essen genauso schätzt wie einst mein Vater.

Die Toten leben nicht in uns weiter, wohl aber gewisse Seiten, Merkmale oder Gewohnheiten von ihnen. Was bleibt, sind ihr Humor, ihre Zuverlässigkeit, Wärme, Widerstandskraft, Versöhnlichkeit, Naturliebe, Ausdauer, ihr Mut. Vielleicht möchten Sie diese Liste ergänzen. Meine eigene Liste würde ich mit Melancholie, Unruhe und Selbstdisziplin ergänzen. Möglicherweise auch mit Kreativität.

Während ich diese Zeilen schreibe, fallen mir die abschließenden Worte des Pastors bei der Beerdigung meines Vaters ein: »Eure Eltern waren kreative Menschen«, hat er gesagt und erinnerte uns daran, auch weiter kreativ zu sein.

Mit Worten – ob mit einer Trauerrede oder den Gedanken eines Angehörigen oder Freundes – kann man bei einem Abschied zeigen, dass jedes noch so unscheinbare Leben von Bedeutung ist. Und das ist schön so. Denn die meisten von uns möchten in Erinnerung bleiben bei denen, die wir lieben. Warum ist das so? Auch diese Frage begleitet mich seit Jahren. Heute würde ich sie für mich so beantworten: weil es glücklich macht, wenn man das Gefühl hat, für andere von Bedeutung zu sein. Weil es tröstend ist, wenn man weiß, dass man in den Leben anderer etwas hinterlässt. Weil dieses Wissen das Sterben leichter macht. Und weil es zuversichtlich stimmt, wenn man erfahren hat, dass unsere Lieben unsere Wärme und Zuneigung auch nach unserem Tod noch spüren können, wenn wir ihnen diese zu Lebzeiten gezeigt haben. Mir gefällt dieser Gedanke, dass ich meine Liebsten so auch nach meinem Tod weiter umarmen kann.

In meinem eigenen Leben ist die Frage, was von uns bleibt, entscheidend gewesen: weil das Wissen, dass nicht nur das, was ich leiste, sondern das, was mich in meinem Wesen ausmacht, von mir bleiben wird, mich dazu gebracht hat, genauer hinzuschauen, was das eigentlich ist. Nicht wer ich sein möchte, sondern wer ich bin. Und wer ich sein werde, wenn ich sterbe.

Mit der Tatsache, dass ich sterben werde, habe ich meinen Frieden gemacht. So banal das klingen mag. Wie ich sterben werde, weiß ich hingegen nicht. Ich weiß aber, was heute ein guter Tod für mich bedeutet: Wenn ich morgen sterben müsste, dann möchte ich die Dinge, die mir wichtig sind, getan haben. Das ist nicht immer leicht, weil man manchmal nicht der Mensch sein kann, der man sein will. Weil wir Verantwortung und Verpflichtungen haben. Weil wir uns in dem Käfig unseres Lebens befinden, den wir uns manchmal selbst gebaut haben oder der durch äußere Umstände entstanden ist.

Ein guter Tod bedeutet für mich: Bevor ich sterbe, möchte ich mich um die Dinge gekümmert haben, die mir wichtig sind. Ich möchte, dass meine Kinder sich geliebt und sicher fühlen. Ich möchte ein mitfühlender und zärtlicher Mensch sein. Ich möchte meiner Welt dienlich sein mit dem Werkzeug, das ich habe. Wenn ich so weit bin, will ich so weit sein. Diese Gedanken an den eigenen Tod helfen mir, Klarheit darüber zu bekommen, welche Geschichte ich von meinem Leben erzählen möchte.

Noch erzähle ich die Geschichten der anderen. Viele Menschen, die mir die Geschichten ihrer Verstorbenen erzählen, sind in meinem Alter. Und einige sind doppelt so alt wie ich. Immer wieder beeindrucken mich die sogenannten »Alten«, die im Herzen so jung geblieben sind. Die mit ihrer Weisheit, Zuversicht, Wärme und ihrem Witz so vieles bei mir hinterlassen. In deren Augen wegen ihrer erlebten Verluste eine Traurigkeit, aber auch eine Kraft liegt, die fast etwas Trotziges an sich hat.

Wertvoller Schmerz
oder
Trauer, eine stete Erinnerung an die Liebe

Die Trauer verändert einen. Sie kann einen ruheloser machen. Sie lässt einen vieles in neuem Licht sehen. Sie kann dem Leben eine neue Richtung geben. Sie kann den Sinn für das Kleine schärfen. Sie kann einen verletzbarer und zugleich zäher machen. Sie kann einen die Fragilität in anderen erkennen lassen. Und in einem das Bedürfnis nach Wohlwollen und Zärtlichkeit wecken.

Es ist schön, wenn das Leben nach der Starre, die auf einen Verlust folgen kann, wieder Tempo aufnimmt. Wenn so etwas wie Normalität zurückkehrt oder man sich an den meisten Tagen einigermaßen normal fühlt. Wenn man wieder klarer denken und Pläne schmieden kann. Und man in die Zukunft schaut, wohl wissend, dass es wieder schwerere Momente geben wird, da die Erinnerung an einen verstorbenen Menschen einen immer wieder unerwartet umhauen kann. Oder weil einen das Gewissen zu plagen beginnt, weil man eine Zeitlang nicht an den Verstorbenen gedacht hat. Und man Angst hat, einen Menschen ganz zu vergessen. Aber das wird nicht geschehen. Man vergisst Aspekte eines Menschen. Aber nicht das, was ihn ausgemacht hat.

Man vergisst die Menschen nicht, die einem etwas bedeutet haben, denn die Liebe, die einen verbunden hat, verschwindet mit dem Tod nicht. Dieses einzigartige Gefühl, das wir mit einem Menschen verbinden, bleibt in uns weiter spürbar, wenn sie sterben.

Das Gefühl, das wir mit einem verstorbenen Menschen verbinden, erwächst aus der Liebe, die wir für ihn empfinden. Zu dieser Liebe gehört auch die Trauer wie der Schatten zum Licht. Die Trauer ist eine ständige Erinnerung an die Liebe, die noch da ist, wenn ein Mensch stirbt. Die Liebe, die besteht, weil dieser Mensch so war, wie er war. Das ist für mich ein tröstlicher Gedanke; dass die Trauer, die mich seit dem Tod meiner Eltern begleitet, aus einem Ort in mir stammt, an dem auch das Gefühl der Liebe seinen Ursprung hat. Der Schmerz über den Verlust verschwindet nicht, aber mit der Zeit nimmt die Liebe immer mehr Raum ein, so dass meine Trauer erträglicher wird.

Der Schmerz über den Verlust verschwindet nicht, aber mit der Zeit nimmt die Liebe immer mehr Raum ein, so dass meine Trauer erträglicher wird. Die Autorin Mary Oliver schrieb einst, dass jemand, den sie geliebt hatte, ihr eine Kiste voller Dunkelheit gab. Und dass es Jahre dauerte, bis sie verstand, dass auch das ein Geschenk war. Ob der Verlust meiner Eltern ein Geschenk war? Ein Geschenk würde ich das sicher nicht nennen. Ich hätte sie lieber noch in meinem Leben. Aber ohne ihren Verlust hätte ich mich nie als Trauerrednerin an ein Pult gestellt. Ohne sie hätte ich keine Geschichte zu erzählen, nicht ihre und nicht meine. Ohne sie würde ich nicht die Geschichten der anderen erzählen. Ohne ihren ungebrochenen Glauben an mich hätte ich diese Zeilen nie geschrieben. Ohne ihren Tod würde mich die Trauer nicht ständig daran erinnern, dass ich endlich und menschlich bin. Wie dieser »wertvolle Schmerz«, von dem die Rockmusikerin Melissa Etheridge so treffend singt: »Leer und kalt, aber er hält mich am Leben.«

Und was ist das Leben? Hoffnung, Verlust und unser unerschöpflicher Glaube daran, dass es wieder gut wird? Leben ist weniger der Wunsch nach Glück, denke ich heute, als das Bedürfnis nach Bedeutung. Von Bedeutung zu sein, nach dem Tod, und, vor allem, im Leben.

Nicht die Person, die ich nach meinem Tod bin, ist am wichtigsten. Sondern die, die ich jetzt bin, so wie ich nun im Leben stehe: ein Mensch, der fehlbar ist. Der wie alle anderen versucht, zu leben und zu lieben. Der sich nicht mehr vom Tod abwendet. Der hoffentlich weiß, wann die Zeit gekommen ist, den Laptop zuzuklappen und sich wieder den Lebenden zu widmen.

Danksagung

Mit besonderem Dank an die Familien, von deren Verstorbenen ich erzählen durfte.

Zitatnachweis

Seite 11: Aus: Mary Oliver, *The Uses of Sorrow*. Erschienen in: Thirst. Beacon Press, Boston
Copyright © 2004 by Mary Oliver, used herewith by permission of the Charlotte Sheedy Literary Agency, Inc., S. 52.

Seite 72: Aus: Dennis Potter, *Seeing the Blossom*. (Upload: 2017, 26. September). [Video]. YouTube. https://www.you.tube.com/watch?v=XpnyPl8-ZcQ

Seite 85: Definition von Zärtlichkeit. (o. D.). In: *Duden*. Abgerufen am 16. März 2021, von https://www.duden.de/rechtschreibung/Zaertlichkeit

Seite 85: Definition von *Tenderness*. (o. D.). In: *Cambridge Dictionary*. Abgerufen am 6. März 2021, von https://dictionary.cambridge.org/dictionary/english/tenderness

Seite 99: Aus: William Morris, *The Beauty of Life*. Erschienen in: *Hopes and Fears for Art: Five Lectures*

Delivered in Birmingham, London, and Nottingham, 1878–1881. Ellis and White, W. London 1882, S. 110. Für diese Ausgabe übersetzt von Louise Brown.

Seite 119 und Seite 207: Aus: G. M. Trevelyan, *Autobiography of an Historian*. Erschienen in: *An Autobiography and Other Essays.* Longmans, Green and Co, London 1949, S. 12. Für diese Ausgabe übersetzt von Louise Brown.

Seite 134: Aus: William Wordsworth, *Verfasst auf der Westminster-Brücke, 3. September 1802*. Erschienen in: Englische Lyrik. 50 Gedichte Englisch / Deutsch. Aus dem Englischen von Raimund Borgmeier. Reclam Verlag, Stuttgart 2012, S. 73.

Seite 160: Aus: Christian Morgenstern, *Es ist Nacht*. Erschienen in: *Moderne deutsche Liebesgedichte.* Herausgegeben von R. Brambach. Diogenes Verlag AG, Zürich 1985, S. 19.

Seite 181: Aus: Rainer Maria Rilke, *Herbst*. Erschienen in: *Gedichte*. Fischer Verlag, Frankfurt am Main 2016, S. 169.

Seite 182: Aus: Ernest Hemingway, *Der alte Mann und das Meer.* Aus dem Amerikanischen übersetzt von Annemarie Horschitz-Horst. Suhrkamp Verlag, Frankfurt am Main 1995, S. 67.

Seite 190 f.: Aus: C. S. Lewis, *Über die Trauer. Der Begleiter für schwere Stunden.* Aus dem Englischen von Alfred Kuoni. Insel Verlag, Frankfurt am Main 2009, S. 66 f.

Seite 196: Aus: Jon Underwood, *Death Café*. Abgerufen am 20. März 2021, von https://deathcafe.com/p/what-is-death-cafe.html/ Für diese Ausgabe übersetzt von Louise Brown.

Seite 206: Aus: Nathaniel Hawthorne, *Passages from the American Notebook.* Prince Classics, New York 2020. Für diese Ausgabe übersetzt von Louise Brown.

Seite 214: Aus: Joan Didion, *Das Jahr magischen Denkens.* Aus dem Amerikanischen übersetzt von Antje Ravic Strubel. Ullstein Taschenbuchverlag, Berlin 2017, S. 8.

Seite 225: Aus: Tiziano Terzani und Folco Terzani, *Das Ende ist mein Anfang: Ein Vater, ein Sohn und die große Reise des Lebens*. Übersetzt aus dem Italienischen von Christiane Rhein. Deutsche Verlags-Anstalt, München 2007, S. 15.

Seite 226: Badalato, B. (Produzent) & Abrahams, J. (Regisseur). (1991) *Hot Shots!* [Film]. United States: 20th Century Fox.

Seite 236: Aus: *Precious Pain* von Melissa Etheridge, die auch die Lyrics schrieb. Erschienen 1988 auf dem Album *Melissa Etheridge* bei Island Records.

Die im Text kursiv gedruckten längeren Passagen sind Auszüge aus Trauerreden, die die Autorin gehalten hat. Die Autorin bedankt sich bei den Hinterbliebenen für die Genehmigung zum Abdruck.

Bitte beachten Sie
auch die folgenden Seiten

Clemency Burton-Hill

Ein Jahr voller Wunder

Klassische Musik für jeden Tag

Aus dem Englischen von Barbara Neeb, Ulrike Schimming und Katharina Schmidt

Klassische Musik kann Wunder vollbringen. Sie inspiriert zum Genießen, schafft Raum für Emotionen und Schönheit. Das Einzige, was man dazu braucht, sind offene Ohren und ein offener Geist. Die renommierte Musikerin und beliebte Moderatorin Clemency Burton-Hill schafft mit ihrer vielfältigen Musikauswahl und ihren kurzen, prägnanten Texten über Werk und Autor einen unvergleichbaren und persönlichen Zugang zu zeitlos schöner Musik.

»Jeden Tag eine Komposition, die uns den Tag verschönert, die Stimmung hebt, die Langeweile vertreibt, den Stress mindert, das Glück befördert, das Unglück vertreibt, uns das Leben genießen lässt – oder mit dem Tod versöhnt.«
Frank Dietschreit / Kulturradio RBB, *Berlin*

Maria Popova
Findungen
Aus dem Amerikanischen von Stefanie Schäfer, Heike Reissig und Tobias Rothenbücher

Maria Popova porträtiert brillante Denkerinnen und Denker aus der Wissenschaft, Kunst und Literatur. Im Mittelpunkt stehen Visionärinnen, die unsere Gesellschaft für immer verändert haben, weil sie den Mut hatten, außerhalb bestehender Kategorien zu denken und zu leben. In poetischer Sprache und mit erfrischend persönlichem Erkenntnishunger verknüpft Maria Popova Lebensentwürfe und Gedanken der letzten vierhundert Jahre. Damit schenkt sie uns Einsichten zur Komplexität der Liebe, zum menschlichen Streben nach Bedeutung und zu der dringlichen Frage, wie in unserer Zeit ein gutes, sinnerfülltes Leben gelingen kann. Ein Buch, das Grenzen sprengt, Geschichte neu erzählt und dazu anregt, Gesellschaft anders und gemeinsam zu denken.

»Ein Buch, um die Sinne zu erhellen, den Geist zu schärfen und freudig hungrigen Gehirnzellen Futter zu geben.«
Annemarie Stoltenberg / NDR *Kultur, Hamburg*

Martin Suter und Benjamin Stuckrad-Barre
Alle sind so ernst geworden

Martin Suter und Benjamin von Stuckrad-Barre unterhalten sich über: Badehosen, Glitzer, Äähm, Hochzeiten, LSD, Teufel, Gott, Madonna, Arbeit, Ibiza, Kochen, Rechnungen, Siri, Fotos, Mundharmonika, Geldscheine, Verliebtheit, Wiedersehen.

»*Alle sind so ernst geworden* ist eine einzige Feier des geglückten Moments einer Freundschaft in Form von gehobenem Smalltalk.«
Nora Zukker / Tages-Anzeiger, Zürich

Auch als Diogenes Hörbuch erschienen, gelesen von Linda Zervakis und Caren Miosga

Doris Dörrie im Diogenes Verlag

Lesen, schreiben, atmen

Schreiben heißt für Doris Dörrie, das eigene Leben bewusst wahrzunehmen. Wirklich zu sehen, was vor unseren Augen liegt. Oder wiederzufinden, was wir verloren oder vergessen haben. Es ist Trost, Selbstvergewisserung, Anklage, Feier des Lebens. Doris Dörrie denkt in diesem einzigartigen Buch über das autobiographische Schreiben nach, gibt Tipps und kreative Anleitungen. Und sie legt gleich selbst los und erzählt hinreißend ehrlich von ihrem eigenen Leben.

»So anrührend, tief, wahr und bewegend, dass es all jene rührt, die nicht vorhaben, zum Stift zu greifen.«
Dierk Wolters / Frankfurter Neue Presse

Auch als Diogenes Hörbuch erschienen,
gelesen von Doris Dörrie

Einladung zum Schreiben

Ein Schreibjournal nach dem Bestseller
Lesen, schreiben, atmen

Dieses Buch ist eine persönliche Einladung an jeden von uns, selbst zum Stift zu greifen und über das eigene Leben nachzudenken. In *Leben, schreiben, atmen* erzählt Doris Dörrie von der Kraft des autobiographischen Schreibens und hat damit unzählige Leserinnen und Leser begeistert. Nun ermutigt sie uns, mit diesem Schreibjournal voller Inspirationen und Tipps in die eigene Geschichte einzutauchen und die Widersprüchlichkeit des Lebens zu umarmen.

»Schreibend Klarheit über sein Leben zu gewinnen: Nichts weniger als das hat Doris Dörrie in ihrer motivierenden Schreibschule im Angebot.«
Denis Scheck / Der Tagesspiegel, Berlin

Die Welt auf dem Teller
Inspirationen aus der Küche
Mit Illustrationen von Zenji Funabashi

Knusprige Brotkrusten, Eier von glücklichen Hühnern, familiäres Miteinander bei spanischer Paella, Innehalten bei grünem Tee mit japanischen Reisbällchen und Kindheitserinnerungen an Melonen-Momente – wenn Doris Dörrie über das Essen schreibt, liest sich das, als umarme sie die Welt. Essen und Kochen sind für sie Inbegriff von Lebensfreude und Genuss, Grund zur Dankbarkeit und Eigenverantwortung und ein Weg zum besseren Verständnis unserer selbst und der Welt, die uns umgibt.

»Ihre *Inspirationen aus der Küche* sind eine leidenschaftliche Verführung zu bewusstem Genuss.«
Katja Kraft / Münchner Merkur

Yorn
Gast im Glück

Der Modedesigner Yorn hat im Leben oft magische Augenblicke erlebt. Ob als junger Mann in Paris, wo er von Christian Dior vom Fleck weg als Assistent engagiert wurde, oder bei einer waghalsigen Wette mit Yves Saint Laurent; ob bei der Gründung seines eigenen Modelabels an den Champs-Élysées oder bei der Umsetzung der Idee, Pariser Chic nach Deutschland zu bringen – das Glück hat ihm stets gelacht. Und je mehr er sein Glück mit anderen teilt, desto größer wird es.

»Sempé illustrierte die Erzählungen aus seinem Leben so federleicht, wie Yorn sie geschrieben hat.
Alfons Kaiser / FAZ Magazin, Frankfurt

Ian McEwan
Erkenntnis und Schönheit
Über Wissenschaft, Literatur und Religion
Aus dem Englischen von Bernhard Robben und Hainer Kober

Für Ian McEwan ist die Geschichte der Wissenschaft eine faszinierende Saga voller intellektuellem Mut, harter Arbeit, tausendfachem Scheitern und kurzen Momenten der Inspiration. Sie ist auch eine Einladung, sich zu wundern und zu freuen. Anhand von Figuren wie Darwin, Einstein oder Turing erforscht Ian McEwan in diesen brillanten Essays das Verhältnis von Wissenschaft und Literatur, Ratio und Glauben und ihren Bezug zu unserer menschlichen Natur.

»Die Schönheit einer Gleichung Einsteins liebt McEwan wie die Schönheit der Sprache: Beide stiften Erkenntnis. Wie dieses schöne Büchlein.«
Ulrich Kühn / NDR *Kultur, Hannover*

Sy Montgomery im Diogenes Verlag

Rendezvous mit einem Oktopus

Aus dem Amerikanischen von Heide Sommer

Er kann gleichzeitig 1600 Küsse verteilen, mit der Haut schmecken, seine Farbe 177-mal in der Stunde ändern und sich trotz seiner 45 Kilo durch eine apfelsinengroße Öffnung zwängen. Sy Montgomery erzählt von einem wahren Wunderwesen der Meere: dem Oktopus. In ihrem preisgekrönten Buch lässt sie uns ein Wesen entdecken, von dessen erfindungsreicher Schläue und Empfindsamkeit wir nichts ahnten. »Phantastische Tiere. Phantastisches Buch«, so Donna Leon.

»Eine wahrhaftige, poetische Liebesgeschichte.
Brigitte, Hamburg

Einfach Mensch sein

Von Tieren lernen

Aus dem Amerikanischen von Heide Sommer

Emu, Baumkänguru, Spinne, Hund und Hermelin: Sie alle haben die Naturforscherin Sy Montgomery mehr über das Leben gelehrt als mancher Artgenosse. Leidenschaft für die Natur hat ihr Herz groß gemacht und ihr Leben reich. Dieses Buch ist eine wahre Schatztruhe von ebenso atemberaubenden wie beglückenden Begegnungen. Sy Montgomery öffnet uns die Augen für die Geheimnisse des Lebens.

»Montgomerys große Offenheit für das ganz andere Lebewesen ist faszinierend.«
Kathrin Meier-Rust / NZZ am Sonntag, Zürich

Das herzensgute Schwein

Aus dem Amerikanischen von Melusine Stern

Als eine Freundin ihr ein kleines Schweinchen in einem Schuhkarton überreicht, ahnt Sy Montgomery nicht, dass der neue Mitbewohner auf ihrer Farm in Kürze mehrere Zentner auf die Waage bringen sollte. Doch Chris wird zum Liebling des ganzen Orts: Alle füttern ihn um die Wette und lassen sich anstecken von seiner kugelrunden Zufriedenheit mit sich und dem Leben.

»Montgomery erzählt geradlinig, nüchtern, unsentimental, mit feinem Humor.«
Sylvia Staude / Frankfurter Rundschau, Frankfurt